JN333502

INTRODUCTION TO STUDIES ON LEADERSHIP IN THE MODERN AGE

現代の帝王学序説

人の上に立つ者はかくあるべし

RYUHO OKAWA
大川隆法

まえがき

普通「帝王学」は、中国の古典などに依拠《いきょ》しつつ説かれることが多い。既に史実として結末の分かっている人を題材にとれば、アメリカのＭＢＡのケーススタディと一緒で、成功と失敗を分けたものが何であったかは分かりやすい。

しかし本書では、古典に依拠しすぎると、六十歳以上の人でないと分かりにくいことも多いので、現代の若者にも分かるありふれた題材の中から、「帝王学」の序走理論を述べた。普通の大学では教えてくれないことが多いので、心して、様々なたとえから、一般理論を抽出《ちゅうしゅつ》していってほしい。

リーダーは優秀でなくてはならない。しかし、優秀なだけではリーダーにはなれない。「人の上に立つべき者はかくあるべし」ということを学んでほしい。若者だけでなく、中堅社員や、熟年期の人にも、新しい学びや、後進の者への指導指針がみつかるだろう。

二〇一四年　十月十八日

幸福《こうふく》の科学《かがく》グループ創始者兼総裁《そうししゃけんそうさい》
幸福《こうふく》の科学大学創立者《かがくだいがくそうりつしゃ》　大川隆法《おおかわりゅうほう》

現代の帝王学序説　目次

現代の帝王学《ていおうがく》序説

――人の上に立つ者はかくあるべし――

二〇一四年九月二十八日　説法《せっぽう》
東京都・幸福の科学　教祖殿《きょうそでん》　大悟館《たいごかん》にて

9

10 帝王学の最後は「危機管理」と「判断力」 122

現代の帝王学《ていおうがく》序説

―人の上に立つ者はかくあるべし―

二〇一四年九月二十八日　説法《せっぽう》

東京都・幸福の科学　教祖殿《きょうそでん》　大悟館《たいごかん》にて

1　さまざまなリーダーに必要な「帝王学《ていおうがく》」

今回は、帝王学《ていおうがく》について述べたいと思います。

これまでに、成功学や幸福学等、いろいろ説いてはいますが、帝王学となると少し対象が絞《しぼ》られてくるので、やや困難さはあるものの、いちおう知っておいたほうがよいのではないでしょうか。

なお、現代において、「帝王」といわれる人は、それほど多くはいません。身分制が崩《くず》れていますので、「帝王」といわれるほどの人は、それほどいないわけですが、政治家でも長く権力者の座にある方や、企業《きぎょう》等でも長期にわたって指導者をしている方などは、そのように言われることもあろうかと思います。ただ、あまり堅苦《かたくる》しく定義しなくてもよいでしょう。現代的に、「リーダーとして多くの人々に慕《した》われつつ、引っ張っていくための心構え」というようなことでもよいのではないかと考えます。

したがって、これは「立身出世のための条件」とは少し違《ちが》うものであり、「ある程度リーダーになった方の心構え」ということになるのではないかと思います。

現代において「帝王」というのは簡単なことではありませんけれども、要は、「人の上に立って、〝落ち着き〟がいい人はどういう人か」ということになってくるわけです。これは、会社の社長や政治家、あるいは、官僚《かんりょう》や、一部、学界の長老などもそうでしょうし、さまざまな家元《いえもと》のようなところで仕事をしている方にも通用するだろうと思います。
そうしたことを踏《ふ》まえ、幾《いく》つかの点を述べておきましょう。

2　頭のよさが「人を裁く目」になってはいけない

自分の賢《かしこ》さを見せたがるのは「チャイルディッシュ」

まず、一つ目になりますが、人の上に立っていく人というのは、若いころには、頭はよいのだろうと思うのです。おそらく、頭が切れて、物事がよく見える人が多いでしょう。ただ、その「頭のよさ」が、たいていの場合、人を裁く目になりやすいわけです。

これには、ほとんど例外がないと思われます。九割以上は、そうです。

実は、私も同じような状態でした。

だいたい十代から二十代の初めぐらいになり、頭が切れるころになってきて、いろいろな方から認められたり、ほめられたりするような立場になると、〝切れ味〟がよいために、どうしても、その〝切れ味〟を試《ため》してみたくなるのです。

やはり、いい包丁《ほうちょう》を持ってみたら、その包丁で肉も切ってみたいし、魚も切ってみたいと思うでしょう。こうしたことは普通《ふつう》なのかもしれません。

ただ、要するに、その切れ味というのが、子供っぽいのです。「よい包丁が手に入ったので、人前で肉を切ってみたくもなれば、魚を切ってみたくもなる」というのは、そのなかにチャイルディッシュ（子供っぽい）なところがあるわけで、それは「どうしても賢《かしこ》いところを見せたくなる」という気持ちでしょう。

ところが、十歳《さい》から二十歳、あるいは三十歳ぐらい年上の人からは、そうやって頭のいいところを見せたがっているのが、よく分かるわけです。その年上の人自身は、それほど頭のいい人でなくても、経験から見て、それが分かるというところがあるからです。

このあたりが、進学や就職など、いろいろなものをくぐり抜《ぬ》け、人々に評価されたり、ちやほやされたりする人にとって、その時点で気がついていない危険性というか、「墓穴《ぼけつ》」の部分だと思います。どうしても、切れ味のよさを競《きそ》いたがるところがあるのです。

切れ味がよすぎて周りから〝刺《さ》される〟こともある

ところが、そのままは行かないことが多いでしょう。切れ味がよく見える刀を持っている人には、敵が出てくるのも早いのです。早いうちに人から警戒《けいかい》され始めてライバルが出てきたり、知らないところで足をすくわれたりします。あるいは、待ち伏《ぶ》せされて刺《さ》されたりするようなことがあるかもしれません。もちろん、時代劇ではないので、これはたとえ話ではありますし、現代に、そのとおりのことは起きないけれども、それと似たようなことがよくあるわけです。

例えば、私が昔、商社に勤めていたころには、取引先などの外部に私のファンも多かったのですが、だいぶ年上のそうした方から、「いやあ、刺されないように気をつけてください」と、よく言われました。

中ではなく、外の人から言われていたのです。「出世していただきたいと思っていますけれども、目立ちすぎるので、もしかしたら、ブスッと刺しにくるやつがいる可能性があります。要注意ですよ。そこがいちばん心配なところなので、何とか引っ掛《か》からないように、上手にやってください」などと言われていました。

「切れるところを見せなければ」という焦《あせ》り

ただ、自分としては、「そうかなあ？」という感じだったのです。社会人になっても、まだまだ自分を百パーセント発揮しているつもりはなく、もっともっと仕事ができるところというか、〝切れる〟ところを見せて、認められるようにならなくてはいけないと思っていました。というのも、まだ先輩《せんぱい》や上司から、「おまえは、ここが駄目《だめ》だ。あそこが駄目だ」「また、こんなチョンボをした」とミスを責められたりしていたのです。あるいは、「仕事が遅《おそ》い」「これではいけない。もっと完璧《かんぺき》にできないといけない」「もっと早くできなくてはいけない」などと言われたりしていたからです。

上司によっては、「最近は会社も、そんなに長くは待ってくれない。もう、半年ぐらいか、場合によっては三月《みつき》ぐらいしか見てくれない。半年ないし三月ぐらいで、できるところ、才能を見せなかったら、だいたいサッと外されて、どこか遠くへ行かされ、『さよなら』ということになるよ」というようなことも、ずいぶん言われました。

それで、「ああ、早くできるところを見せなくてはいけないんだな」と、焦《あせ》る心はあるのですが、焦れども焦れども、なかなか仕事は身につくものではなく、やはり時間がかかるわけです。

特に、高度な勉強をしたり、緻密《ちみつ》な勉強をしたり、長く勉強したりした人ほど、結論を出すまでにかかる時間、アクセスタイムのようなものが、わりに長いのです。要するに、いろいろなことを調べてみたり、チェックしてみたりしないと、なかなか正しい結論かどうか分からないところがあるので、そうして調べたり、考えたりしているうちに、三カ月や六カ月が過ぎてしまうことがけっこうあるということです。

ところが、会社のほうは、非常に激しく同業他社との競争をしていますので、凡庸《ぼんよう》だと見たら、サッと外していく傾向《けいこう》はありますし、減点主義もありますので、チョンボをたくさん出すような人も、「これは駄目だ」という判定がすぐに出てきます。

3　ミスで叱《しか》られながら「世間《せけん》常識」を体得した商社マン入社時代

〝算数〟ができなくて人前で絞《しぼ》られる

また、私は、「まさか、自分ぐらい、いろいろと実績をあげている者を、会社のこんな小さなテストや研修の結果で判定したりしないだろう」と思っていたのですが、そうしたものの結果が、しっかりと回ってきました。そして、手を抜《ぬ》いていたりすると、上司に手招きされ、「ちょっと、横に座《すわ》りなさい」と言われて、百人ぐらいが見ている満座《まんざ》の前で上司の横に座らされて、「あのなあ……」という感じで説教されるのです。

それを、みなは、耳をそばだてて聞いていましたが（笑）、上司は、「どこの部門に勤めてると思ってるの？」と言うわけです。

当時、私は財務本部にいたのですが、「財務本部というのは、お金を扱《あつか》うところなんだよ。足し算、引き算、掛《か》け算、割り算。算数を間違《まちが》うような人間は、基本的にいられないのを知ってるか？」というような具合に言われました（笑）。

そこで私は、「そうだとは思いますけど、昔はできたんです」と答えたのです。実際にそのとおりで、小学校時代は、算数のテストでだいたい百点を取っていたような記憶《きおく》があります。しかし、小学校時代はできたからといって、中高で高等数学を勉強したら算数ができなくなるというのは、理屈《りくつ》が通らないのでしょう。

確かに、商業学校を出てそろばんを入れられるような人であれば、暗算でパシパシパシッとすぐに完璧《かんぺき》な答えを出すようなものを、こちらは一生懸命《いっしょうけんめい》に筆算《ひっさん》をしても間違うとなると、やはり恥《は》ずかしいことではあります。〝桁《けた》が大きい〟から間違うこともありましたが、桁が小さくても間違うことはあるわけです。

ただ、大学時代に、そうした勉強をする学部も少しはありますが、普通《ふつう》の社会科学、人文科学系の学部では、あまりやらないでしょう。もちろん、経理的なものとしては、「簿記《ぼき》」や「会計」の類《たぐい》がありますし、商学部など、貿易関係の勉強をしているようなところでは、きちんとやっているとは思いますし、経営学部でも少しは勉強するのかもしれません。ただ、普通の法学部や政経学部、文学部、その他では、あまりやらないでしょうから、就職して初めて出合うようなものなのです。

それは要するに、縦と横のマスを合わせるという、縦横《たてよこ》のマス計算で、この計算が合わないと、男女差別をするわけではありませんが、「女の子に笑われる」と言うわけです。

ところが、私は大学卒業まで、そういう簿記の練習などは一度もしたことがなく、生まれて初めてでした。「こんなものは簡単だ。誰《だれ》でも通る」というので、「そうなのかな」と思ったのですが、やってもやっても、縦と横が合わないわけです（笑）。そういうことが起きて、ずいぶん知性を疑われた覚えはありますし、徹底的《てってい》に絞《しぼ》られもしました。人前で見えるように絞られたことを覚えています。

まさに逆転した感じで、「いい大学を出ている」とか、「大学時代に成績がよかった」とかいうことが、裏目に出ました。そういう縦と横の足し算が合わないということは、「よほど能力的な欠陥《けっかん》があって入ってきたのではないか」と見られ始め、露骨《ろこつ》な怒《おこ》られ方をするわけです。

「数字の書き方」に関して受けた意外な指摘《してき》

また、それまでにされたことがないような怒られ方もしました。例えば、「数字の消し方が悪い」ということです。「線をピシッと引いて、数字を書き直さないと、インプットする人が分からんだろうが」とか、「グチャグチャッと消して書いたりしたら、駄目《だめ》だ」とか言われました。

ほかにも、「数字の大きさが、だんだん変わってくる。最初は大きな字で書いて、だんだん数字が小さくなっている」と言うのです（笑）。確かに、それは、あまり見ばえがよくありません。それで、「同じ大きさで書け」と言うわけですが、上司としては、こんなことは小学一年生に言っているような気分でしょう。「同じ大きさで数字を書いてもらえないだろうか。おまえの数字は、最初は大きくて、だんだんだんだん小さくなっていく。速く書きたくて、省エネで小さく書いているのかとは思うが、同じ大きさで書かないと、ほかの人の手に渡《わた》ったときに、極《きわ》めて読みにくいのだ」と言われました。

さらに、「6なのか0なのかが分からない数字があるし、6なのか9なのかが分からない数字もある」とも言われました。

まあ、確かに、そうかもしれません。軽くパッと書いた場合に、線が突《つ》き抜けているか、突き抜けていないかは、微妙《びみょう》なところがあります。

それで、「6ではないように見られようとしたら、左回りに丸を書くのではなくて、右回りに書けば、絶対に6にはならないんだ。分かるか」と言われたのですが、そんなことは聞いたことがありません（会場笑）。小学校以来、教わったことがないのです。なるほど、左回りに書いたら、突き抜けて6になるけれども、右回りに書けば、突き抜けずに0になりますから、それはおっしゃるとおりでしょう。

「おまえ、年は二十代だったなあ。もう二十を過ぎとるよな」などとも言われましたが、まことに恥ずかしいことながら、そのように怒られることは非常にプライドが傷つくことではあります。たとえ微分積分が解けようとも、数字の0が書けないというのは、情けないことです。

また、自分だけではなく、ほかの人も使う台帳などに数字を書いていくこともあります。例えば、幾《いく》らか使ったら、それを引いた分を残高に書くわけですが、その際にも、私は、数字の大きさが違う書き方をしてしまいました。言ってみれば、チョコレートクリームが入っている巻き貝のような形をしたパンがありますけれども、あんな感じで、だんだん数字が小さくなっていくわけです（笑）。何人もが書いている台帳に、一行だけそういう数字が入っていたら、確かに次に使う人は苦労なされるでしょう。

「丁寧《ていねい》なつもり」が裏目に出た失敗経験

こういう初歩的なところから始まって、返事の仕方でも怒られました。例えば、「おまえは、○○するように」と言われて、「はい、はい」と答えたら、「『はい』は一回でよろしい！　二回言うな！」と言われたのです。ところが、そこでまた、「はい、はい」と答えてしまい（会場笑）、「また言った！　一回でいいと言っただろうが！　なんで、二回、『はい』を言うんだ！『はい、はい』はないだろうが！『はい』で終わりだ！」という感じで怒られました。ただ、こういうことは、学校で一度も教わったことはありません。私は、「はい」よりも、「はい、はい」のほうが丁寧《ていねい》かと思ったのですが、「はい、はい」と言ったら怒られてしまったわけです。

社風や状況《じょうきょう》に応じて変わる「自分の会社の上司の呼び方」

　また、課長に対して、「課長さん」と言って、「さん」を付けたために、本人から、「『課長さん』と言われると、本当に恥ずかしい気持ちがするよ。中小企《き》業《ぎょう》とは違うんだから、『課長さん』などと言うな。もう、『従業員が五十人ぐらいの会社か』と思われるじゃないか。『課長』と、きちんと言え。あるいは、『○○さん』と言うか、どちらかにしなさい。『課長さん』と言うな。ものすごく小さい会社みたいに聞こえるから、恥ずかしい。社内には外部の人もたくさん入っているんだから、『課長さん』とか『部長さん』とか、言うんじゃない」と言って、怒られました（会場笑）。

自分としては、この上ないサービスで、「さん」を付けて、尊敬語で言ったつもりなのに、それも怒られたわけです。会社の社風にもよりますが、「局長」とか、「部長」とか言って、役職で呼ぶところもあるし、「さん」付けで呼ぶところもあります。どちらもありますが、私のいた会社では、「さん」付けで呼ぶところが多かったのです。

また、社外から電話がかかってきた際には、自分の会社の上司の名前を呼ぶときに、「あっ、□□さんですね。はい、分かりました」と言うと、怒られる場合があります。社外の人と話すときには、社内の者に「さん」を付けてはいけないのです。「□□でございますね。はい、ただいま在席しておりますので、お呼び申し上げます。しばらくお待ちください」と言わなくてはいけません。「はい。△△課長さんですね」などと言っていると、「アホ」「バカ」「常識がない」というような感じになるわけです。

ただ、そのようなことが書かれているものはほとんどありません。もう「以《い》心伝心《しんでんしん》」というか、企業文化で教わるしかないようなことです。

そのため、そうしたことで、ガンガン叱《しか》られるわけですが、「体得していくしかない」と言うしかありません。そうしたことを丁寧に教えてくれる人はいないのです。

エレベーターの「閉」のボタンを押《お》しても怒《おこ》られた

また、私は、エレベーターの乗り方のような、当たり前のことでも怒《おこ》られました。当時、私は下《した》っ端《ぱ》だったので、「エレベーターには、いちばんあとに入ったらいいんだろう」と思って、いちばんあとにエレベーターに乗って、ほかの人に親切を施《ほどこ》すつもりで、「閉」というボタンを押《お》したところ、「今、おまえ、二円使ったのを知っているか!?」とくるわけです。

確かに、待っていれば、エレベーターは自動的に閉《し》まります。「じっとしていれば閉まるものを、ほんの一、二秒早めるために『閉』のボタンを押した。これで、電気代が二円要《い》った」というわけです。

「この会社は本当にケチだなあ」と思いましたが、何千もの人が働いているので、積もり積もれば、けっこう行くでしょう。二円くらいでも、何千人もが使っていれば、それは、すぐに万単位に行くので、月にすれば何十万円、あるいは、百万円にまで行くかもしれないし、年にすれば一千万円以上行くかもしれません。つまり、「月百万円」などと言うと、十分、交際費等になるぐらいの金額になるわけです。

そのように、エレベーターのドアを閉めて怒られたので、「損をした。『閉』のボタンなど、押さなければよかった」と思うこともありました。

学校で習わない「社会の常識」で、足を引っ張られることもある

また、タクシーなどの車で移動するときに、「自分は、いちばん立場が下で、やや太めで、体を動かすのが大変だし、みんなも奥《おく》に入るのは難儀《なんぎ》なことであろう」と思って、親切のつもりでいちばん奥に入っていったら、先輩に引きずり出されたこともありました。

「おまえが座るところは、そこではない。運転手の後ろはいちばん偉《えら》い人が

座るところで、おまえが座ってはいけない。おまえは前だ。前に座って、タクシーの代金を払《はら》うのがおまえの役割なんだ。それが分からんのか」と言うわけです。聞いたことのないことばかりで、本当に困りました。

ただ、そのような習ったことのないことで、いろいろ言われるようなことがありますので、気をつけないといけません。少し尾《お》ひれが付いてくると、「常識がない」から始まって、「あいつは本当に仕事ができないのではないか」などと言われて、実際に本業ができるようになってからでも、足を引っ張られる原因になることもあるのです。

外の人が「刺《さ》されるな」と言っている理由は、「そうした些細《ささい》なことで足を引っ張られないように」というようなことかもしれません。

「頭の切れる」ところを早く見せすぎてはいけない

さらに、計算をよく間違えていたときには、私のいた会社は昔の関西系の会社だったので、そろばんをポンと持ってきて、机の上に置いていかれたりしました。「おまえは、そろばんを入れろ」というような感じです。

しかし、そろばんなどは、小学校三年生のときに一回、習った覚えがあるものの、そのあとは入れたことがないので、入れられるはずがありません。ところが、そろばんをパーッと入れる人もいるのです。本当に考えられないことです。

それから、計算機というものも出てきましたが、これも学校で打ったことがありませんでした。計算機も、速い人は目茶苦茶《めちゃくちゃ》に速いのです。

計算機には、表示部分に数字が出るだけのものもありますが、打ち込《こ》んだ値《あたい》や結果を長い紙に印字できるものもあって、速い人はものすごく速いのですが、何回も何回も計算を間違うと、その紙が十メートルもの長さになるぐらい出てきてしまうこともありました。

そのため、決算のときなどは、打ち間違うと、もう本当に夜中《よなか》まで打ち直しの連続になってしまいます。数字が合わないので、何回でも打ち直すことになるわけです。私のほうが合ったかと思うと、もう一人の相手のほうが間違えたりして、なかなか合わないのです。

午後六時で暖房《だんぼう》や冷房はとっくに切れているのに、夜の十二時ごろになっても、汗《あせ》ダラダラで、まだ計算しているようなこともけっこうありました。こうした計算は、初歩的なところでけっこうミスが出るものなのです。

そのようなときに、「自分は頭がいい」と思っている、頭が切れる人の場合、「きついことを言う癖《くせ》を持っていると、極めて厳しい報復《ほうふく》が待っている」ということを知っておいたほうがいいと思います。

例えば、つまらないことで、「へっ、そんなこともできないわけ!?」「あっ、こんなことも知らないわけ!?」というようにガンガン言われて、足払《あしばら》いに遭《あ》うことがあるし、実際、知らないこともたくさんあるのです。

そのため、「難しいことを知っているかと思うと、易《やさ》しいことが分からない」というようなことで、バカにされることがあります。これは、入社して何年もたってからでも、けっこう出てきます。それは世間《せけん》の常識のようなものに欠けているところがあるからです。

このへんは大事なところです。やはり、〝切れる〟ところをあまり早く見せすぎたりすると、人が教えてくれなくなることがあるので、気をつけなければいけません。その意味で、ある程度、一歩上手に引いて、人が教えても、「ああ、分かりました」と言って、素直《すなお》に聞くような態度を、処世術として、最初は知らなければいけないと思うのです。そうしたことがあります。

それでも、だんだんに、できる人はそれなりに認められてはくるでしょう。ただ、予期していないことがいろいろ起きますので、気をつけたほうがいいと思います。

4　「頭が切れる人」が最初に学ぶべき「処世術」

「社外の人に嫌《きら》われる」と、使ってもらえなくなる

外の人が「〝刺《さ》され〟ないように気をつけてやりなさい」と、よく言ってくれるようなこともありますが、私の同期には、外の人から、「あいつだけは二度とごめんだ。出してくれるな」と言われた人もいました。

その人は、営業のセクションにいたため、「あいつを絶対、出してくれるな」と言われると、もはや使い道がありません。「あいつと酒を飲むのは嫌《いや》だ。話

をするのも嫌だ。あいつは、もう、うちの会社の担当に出してくれるな」と言われたら、〝バッテン〟なのです。しばらく、また別の会社充《あ》てに使う場合もあるものの、だいたい三社ぐらいからそう言われると、もう使えないわけです。

そのため、その人の場合は、〝座敷牢《ざしきろう》〟に入れられていました。〝座敷牢〟といって、使わない応接間の一室の一画を仕切り、「そこから出るな」というわけです。何か、新聞を読んでいるのか、資料を読んでいるのか分かりませんが、「もう、人前に出るな。お客さんがうろうろしているから、顔を見せるな」というような感じです。

その人は、東大の理学部数学科卒の人間で、超《ちょう》変人であったものの、頭はすごくいいはずで、実際よかったのです。理学部へは、かなり成績がよくないと行けないし、数学科を出て、本もよく読んでいました。私もけっこう読んでいましたが、その人も、卒業するときに段ボール箱二十五箱分もの本があって、会社の寮《りょう》に入るのは大変というぐらい、理系ではあるものの読書もするような人だったのです。

ところが、「監禁《かんきん》されてしまって、〝座敷牢〟から出してもらえない」という状態に、もう入社半年後になっていました。その後《ご》、窓際《まどぎわ》のままでいたのか、辞《や》めたのかは知りません。私のほうが先に辞めたので分かりませんが、彼はその監禁に何年か耐《た》えていたはずです。国内で出してもらえないので、当然、海外に出られるはずもなく、かなり厳しい状況《じょうきょう》が続いていたと思われます。

厳しさに耐《た》え、根性《こんじょう》で頑張《がんば》った「預かり社員」もいた

一方、逆の場合もありました。

社員のなかには、取引先の会社の社長の息子《むすこ》などで、「預かり社員」みたいな人がいて、正規には入社できるような経歴ではないものの、「いずれ、その取引先の会社の後を継《つ》ぐ」というような人を預かることがあったのです。給料は出ないのですが、その取引先の会社からは振《ふ》り込《こ》まれており、親から、「自分のところで給料は持つから置いてくれ」というように言われて、預かるわけです。

そうした預かり社員というのも少しいて、私のいたニューヨーク本社にも、

「いずれ、取引先の会社の社長になる人なので、経験を積ませてくれ」ということで、送られてくることもありました。しかし、着任するや否《いな》や、「電話は一切《いっさい》、取るな」という命令が出ていました。

「電話は取ってはいけない。話してはいけない。仕事はしてはいけない。座《すわ》っておれ」と言われ、やっていいことは掃除《そうじ》だけだったのです。机の上を片付けて、布巾《ふきん》や雑巾《ぞうきん》で拭《ふ》いたり、周りを片付けたりするなど、「掃除はしてもよいが、仕事は一切、してはならない」という条件で来ていました。

それでも、その人は頑張《がんば》ったのでしょう。薬品部で、薬品がたくさん置いてある部署だったので、そうした薬品の掃除をしたり、片付けをしたり、いろいろと丁寧《ていねい》にやったのだと思います。雑用を延々とやっていましたが、努力のかいがあって、半年ぐらいすると、英語も多少しゃべれるようになってきて、少しは仕事をさせてもらえるようになってはいました。

ただ、忍耐《にんたい》はかなり要《い》ったでしょう。

こちらにとっては、取引先の会社の社長の息子であり、あちらとしても、帝《てい》王学《おうがく》を教えようとして、大手の会社に預けるというか、出向《しゅっこう》させるかたちで修《しゅ》業《ぎょう》させているつもりではいるのでしょうが、何のことはありません。一切、仕事はさせてもらえないで、座っているか、掃除をしているかのどちらかだったのです。「お客さんの電話に対しては、絶対取るな。返事はするな。会話もするな」というような厳しい状況でした。

つまり、責任が出るわけです。誰《だれ》が相手をしたとしても、「こちらの会社の人間が代表して言った」ということになると、商社などでは、商品一個当たりの額がものすごく巨額《きょがく》なので、間違《まちが》えた場合は、億単位の損失が出ることとさえあるのです。その意味で、「電話に出るな」というのは正しいことであって、英語が分からないのに生返事《なまへんじ》をされると、本当に損失が出てしまうことがあるわけです。

しかし、その人は、そのようなことに耐《た》え、半年ぐらいすると、仕事をさせてもらっていたので、根性《こんじょう》で頑張ったのだと思います。それまで、掃除しかしていませんでしたので、「まるで、木下藤吉郎《きのしたとうきちろう》（のちの豊臣秀吉《とよとみひでよし》）みたいだ」と思っていましたが、「厳しいなあ」と感じるところがありました。

入社してつくづく感じた「世間《せけん》の厳しさ」

私なども、会社に入ったときは、「鳴り物入《い》りで入《はい》った」と言われていたので、みんな、「すごくできる」と思っていたのに、伝票の切り方さえ間違うぐらいで、何度も何度もコンピュータのエラーが出て、戻《もど》ってくるわけです。

そのときに、ポーカーフェイスで知らせに来る女性がいたのですが、もう本当に嫌《きら》いで嫌いでしょうがありませんでした。何年か先輩《せんぱい》で、美人は美人なのですが、冷たい顔をした美人で、「はい。またエラーです」と言って、毎日、プリントを持ってくるのです。「うわっ、また来た。また来た」というような感じで、本当に、もう嫌になるほどでしたが、「ミスをしないというのは大変なことだなあ」と思いました。

特に、入社した最初のころは、新歓《しんかん》コンパ等、いろいろあって、夜に誘《さそ》われるので、それに付き合っていると、頭がアルコール漬《づ》けになっていて、朝の調子が悪くて午前中にミスが頻発《ひんぱつ》するのです。午後、お昼ご飯《はん》を食べてからあとは、ミスがほとんど出なくなるのですが、朝はどうも調子が悪くて、ボーッとしているので、ミスが出ても気がつかないわけです。

それで、叱《しか》られることがあって、それについて、「そういうことは、初歩的なことで、大したことではありません。くだらないことです」というような生意気な口を叩《たた》いたりすると、ずいぶん叱られたものです。

そのようなわけで、「世間《せけん》は厳しいな」と、つくづく思いました。

大学に一年生で入ったときは、「四年生というのは怖《こわ》いな」と思ったものです。もう、鬼《おに》か仁王《におう》みたいな感じで、四年生に言われたりすると、震《ふる》えるぐらい怖かったのです。高校も中学も先輩は三年生までしかいなかったし、私は、大学では、一年生のときから剣道部《けんどうぶ》に入ったので、四年生が竹刀《しない》を持って歩いてくると、もう軍隊みたいな感じで竹刀がパシッと来るので、すごく怖かったのです。

しかし、そうした四年生をやったあとに、社会人一年生として会社に入ったときの〝えぐれ方〟は、すごかったです。もう、まったく白紙の状態で教わる感じでした。ですから、頭が切れる人が社会に出たときは、最初、本当に危ないので、気をつけたほうがいいと思います。

これについては、正式な学問として習うことはないのですけれども、「謙遜《けんそん》する術」や「控《ひか》える術」、「自分より目上の人がいるところでは、あまりしゃべりすぎない術」、あるいは、「否定する場合は、いったん、相手の言うことをよく聞いた上で返事をする」、「相手にとって嫌な感じの答えになる場合は、少し時間を置いてから断る」など、いろいろあるのです。

5　「口の軽さ」が致命傷《ちめいしょう》になることもある

交渉《こうしょう》相手から、すぐに返事が返ってこないのはなぜか

また、私も、社会人になってから、経験則上、「よい返事はすぐに返ってくるけれども、悪い返事はゆっくり返ってくる」ということが、だんだん分かってきました。

要するに、「取引先などと交渉《こうしょう》していて、なかなか返事が返ってこない」という場合、たいてい、返事は「ノー」なのです。

「あれ？　返事が少し遅《おそ》いな」と思っていると、だいたいそうであり、すぐに返事をして「ノー」と言うと角《かど》が立つので、しばらく引っ張り、こちらが、「これは駄目《だめ》かもしれないな」と思い始めるころ、頃合《ころあ》いを見て上手に断《ことわ》ってきます。

こちらが電話を取って、「相手の返事はノーだろうな」と思うあたりに、そういう返事をしてきますし、場合によっては、返事をしないままで終わることもあるのです。そういうやり方もあります。

「それについては、検討しております」「そのへんについては、本店のほうに伺《うかが》いを立てています」などと言って、一年間引っ張り、「ノー」とは言わないわけです。

「ノー」を言うと、相手が傷ついたり、怒《おこ》ったりすることがあるので、そのまま引っ張っていき、事実上、「握《にぎ》り潰《つぶ》し」になるわけですが、そういうこともあって、「世《せ》間《けん》の流儀《りゅうぎ》は、けっこう難しいものだな」と思ったことが、よくありました。

重要な部門に所属する人たちに求められる「口の堅《かた》さ」

それから、やはり、口が軽い人間は信用されないことが多いのです。会社のなかでも、重要な部門になると、だんだん機密事項《じこう》が増えてきますので、「『物事の大小』や『重要なものと、そうでないもの』を見分け、簡単に何でもしゃべらないということの重要さが分かるかどうか」が大事であり、このへんについては、よく見られていると思います。

財経部門、人事部門、秘書部門等では、会社の機密が分かるのです。あるいは、株式会社などでは、総会屋対策などをする場合もあるため、総務部門などもそうでしょう。

こういう会社の情報が抜《ぬ》ける部門にいる人たちの口が堅《かた》いということは、非常に重要なことであり、「口が軽い」と分かった場合は、いずれかの段階で、口が軽くてもよい部署に回されることになると思います。

さらに、「頭はよいが、人と会わせ、交渉事をさせるとまずい」というタイプの人は、だんだんに、害がない部門というか、「新聞や雑誌などを読んでいればよい」というような部門のほうに回されていきます。会社によっては、「調査部門がエリート部門」というところもあることはあるのですが、そうでない場合もあって、「一日中、新聞や雑誌を読んでいても構わない」という、

〝飼《か》い殺《ごろ》し〟のところもありますし、そういう人は、学歴に関係なく出てくることがあるのです。

いろいろなかたちで漏《も》れる内部情報

ですから、まずは、他人《ひと》との折衝事《せっしょうごと》に使えないタイプの人が外に出せなくなっていきますが、次は、「重要なものを見せてはいけない人」もいるわけです。

こういう人たちは、口が軽いため、「アフターファイブだからよいだろう」と思い、酒場など、いろいろなところへ行ってお酒を飲んでいるときに、会社の機密をペラペラとしゃべってしまうのです。

会社の人事のことやお金のことなど、いろいろなことを酒の肴《さかな》にしてしゃべっていると、取引先の人やライバル会社の人などが、その場にいることもあるため、情報が漏《も》れてしまい、取られることがあったりします。

どこの会社でも、よく利用する行きつけの店を持っているところが多いので、「ある会社の御用達《ごようたし》のところ、その会社がよく使っている店である」と知らずに行った場合、そこのママ、あるいは従業員などが、お酒のサービスをしたり、いろいろと話をしたりして相手をしている間に聞きつけた重要な情報で、「これは、仕事上、大事だ」と思うことを、ライバル社のほうの、よく来る常連さんに伝え、情報が漏れることがあるわけです。

そういうことがあるので、「公《こう》の部分で、口が堅いから大丈夫《だいじょうぶ》か」といったら、そうではありません。やはり、「私《し》」の部分でも、口が軽い人は駄目なのです。

また、社宅なども多いと思いますが、重要な仕事をしている場合、社宅の家のなかで、奥《おく》さんなどを相手に会社のことをしゃべりすぎて、言ってはいけないことまでしゃべっていると、社宅の奥さん同士で、それについておしゃべりをし始めます。奥さん同士の遊びの会などで、ペラペラとしゃべってしまうようなことがあるわけです。

賢《かしこ》い奥さんで、「そういうことを言ってはいけない」と分かる人は大丈夫ですけれども、分からない人は、重要なことをペラッとしゃべってしまったり、「次の人事異動では、こうなるのよね」というようなことを、パッとしゃべってしまったりします。

そのようにして、外に出てはいけない情報が、あらかじめ出てしまったりするようなことがあると、「どこから出ているか」ということを突《つ》き止められ、

「あいつには、人事情報を教えてはならない」と言われたりするようなことが起こるのです。

このように、口の利《き》き方一つを取っても、非常に難しいところがあります。

このようなことは、会社だけではなく、宗教絡《がら》みの話でもあるのです。

例えば、赤坂《あかさか》などの料亭《りょうてい》には、政治家もよく利用しているところがありますけれども、その料亭の仲居《なかい》さんが、ある宗教のなかに出入《ではい》りしていて、その宗教は、たまたま、ある政党と深いつながりのある宗教であったわけですが、その料亭で、自民党の議員が資料を置いてトイレに立ったりしている間に、いつの間にか、その資料がコピーされ、あちらの手に渡《わた》っているというようなことがあって、国会で追及《ついきゅう》されたことがありました。

「まさか、そこまでやるとは……」と思いましたが、スパイを使って、そこまですることがあったりしますし、いろいろと、あの手この手で罠《わな》を仕掛《しか》けます。

「かつて、日本の総理大臣や大蔵大臣《おおくらだいじん》（現・財務大臣）をやったような方でも、中国系のハニートラップにかかった」などということもありますが、企業《きぎょう》系などでも、そのようなことはよくある話です。

ハニートラップというか、そういう遊び所へ連れていかれて奢《おご》られて、「このくらい大丈夫ですよ。みんな、やっていることですから」などと言われて、向こうのお金で遊んでいるつもりでいると、あとで、それを脅《おど》しの材料に使われることもあります。「某月某日《ぼうげつぼうじつ》、誰《だれ》それさんが、誰それさんと、どこそこへ行って、こういうことをし、そのために、どこそこの会社から、これくらいの接待を受けている」という情報が、十分に脅しに足る情報になる場合があり、「それと引き替《か》えに、会社の機密情報を教えろ」というようなことを言われ、内部から情報が漏れていくということもあるのです。

したがって、よく警戒《けいかい》しなければいけません。

人生の王道面だけで、あるいは、正攻法《せいこうほう》だけで仕事が成功すると思ったら、それは間違《まちが》いであり、「それ以外の、いろいろなところに、落とし穴や地雷原《じらいげん》がたくさんあるのだ」ということは知っておいたほうがよいでしょう。

「十年後の社長」が出世せずに消えていく理由

それから、今であれば、政治家は当然でしょうし、企業人であれば、急成長する企業、あるいは、すでに大企業になっているところの人なども、普段《ふだん》は何も記事が出ないでしょうが、マスコミなどは、たいてい、事前準備として、早い場合は何年も前から、直近では数カ月ぐらい前から調べに入っているのです。いきなりスクープなどしないのです。

また、マスコミは、だいたい「行動パターン」を読みます。犬や猫《ねこ》、魚の行動パターンを観察するのと同じで、だいたい一週間ずっとついて行き、「この人は、どういう行動パターンを取って動いているか」ということをつかむのです。

最初からスクープするわけではなく、パターンを見ていて、例えば、「何回もその店で会う」、あるいは、「女性と会う」など、いろいろなことをしていても、安心し切っているあたりを狙《ねら》って待ち構え、スクープで抜くというようなことをします。

そのため、この一撃目《いちげき》は、そう簡単に外せない場合が多く、一撃で倒《たお》されることがほとんどです。

会社の社長などでも、初めてであれば分からないことが多いし、「社長ではないから大丈夫だ」と思っていても、社長レースに名前が出てきているような人の場合は、やはり、狙われることもあります。

また、怖《こわ》いのは、「プラス情報に見えるけれども、実はマイナス」という場合があることです。

例えば、ときどき、「○○会社で、十年後の社長は誰か」というような記事が特集で出ることがあります。「十年後の社長は誰か」ということで、顔写真と名前が出たりするのですが、その場合は、だいたい、〝消される〟のが普通です。十年後に社長になる人を置いてはくれず、消されるのです。

「そういう噂《うわさ》が立つ」ということ自体が、「不徳の致《いた》すところ」であり、社内で、「この人は、十年後の社長だ」などという噂が、あまり立つようだったら、その上にいる人が摘《つ》み取りにかかってくるため、消されるのが普通なのです。

私は、それを知らなかったため、最初、「おお！　十年後の社長として、うちの部門のトップの名前が挙《あ》がっています。よかったですね」と言うと、「おまえは、アホか。これで、この人は終わりなんだ。分からないのか」と言われたのですが、そのとおりでした。

普通は、財務本部長などになると、すぐ役員になって、二年、役員を務めたら、次は常務ぐらいに上がっていきます。普通は、そのように、トントンと上がっていきますが、その人は、四年たっても役員にならず、消えていきました。「『十年後の社長』が出世しないというのは、本当だ」ということが、あとから分かりましたけれども、本当に怖いものなのです。

このように、情報のところは、実に怖いものがあるので、世間の〝裏の教科書〟の読み方は知っていなければいけないと思います。

帝王学《ていおうがく》のなかにある「守成《しゅせい》の学」

さらに、いちばんいけないこととして、みなさんもよく知っているのが、「公私《こうし》混同型」の部分です。これには、なかなか難しいところもあるのですけれども、このあたりに対して、人の目は、けっこう〝うるさい〟ものです。

だいたい、会社というものは、経費として公費を使うのが普通であり、「全部、私費でやる」ということはめったにありません。ただ、いろいろな人が、いろいろな目で見てはいるので、「これは、限度のなかに収まっているか、いないか」ということを、自分で分かるかどうかが、非常に大事なことだろうと思います。

ところが、普段ならば許される場合でも、その人が何か大きな失敗をしたとき等に噴《ふ》き出してくることや、ライバル、あるいは、先ほど述べた、足をすくうような人に情報が入ったときに、使われることもあるのです。

そういう意味で、帝王学《ていおうがく》のなかには、いわゆる、「守成《しゅせい》の学」というか、「守りの部分」も、そうとうあります。

相手の打者がスラッガーで、場外ホームランを堂々と打ち込《こ》まれたならば、一点が入るのはしかたがありません。しかし、ゴロを打たれても、トンネルを二つぐらいしてしまったら、例えば、内野手が抜け、外野手も抜けてしまったならば、走られて、ランニングホームランになってしまいます。それも、同じ一点です。

つまり、向こうがゴロを打っても、ピッチャーも、その後ろも抜けたら、グルッと回って点が入ることだってあるわけです。簡単な当たり損《そこ》ないのゴロで、三塁打《さんるいだ》や本塁打に当たるものが出ることだってあるわけなので、このへんの守りが弱いと、やはり負けていくことはあるということです。

「エース」や「エリート」といわれたような方が、そういうのでけっこう消えていくケースはよくありました。

6 「できすぎる」ところを見せない工夫《くふう》が大切

英語ができすぎると、〝便利屋〟で使われて出世しないことも

もう一つは、逆に、「その職場で能力としてあったら当然評価される」と思うものでも、そういう面はありました。

例えば、商社などでしたら、「英語ができる」というのは、当然、加点事項《じこう》で、「よくできるのはいいことだ」と思うでしょう。

ですから、みんなは英語ができるというのも大事なことだとは思っているの

ですが、「英語ができすぎた場合は、出世しない人がけっこう多い」というのは、経験則上、見ていてだいたい分かるのです。

ある程度できることは大事なのですが、できすぎると、今度は逆に、専門職ないしは便利屋に使われてしまうケースが多くなるのです。

商社ですから、英語ができる人が多いので、英検の一級を持っている人というのは、一フロアで数名程度はいることが多いのです。

人にもよるのですが、通訳もできるような人の場合、社長や常務が海外へ行くときに、通訳代わりに連れていかれると、本人はもちろん得意満面でしょう。重役や社長の通訳代わりでついて行くというのは、かなりVIP《ブイアイピー》扱《あつか》いみたいな感じで機嫌《きげん》がいいわけです。

ところが、そういうふうに使われているのに、気がつくと、いつの間にか出世コースから外れている場合がけっこうあるのです。

〝便利屋〟で、通訳代わりに使われているけれども、要するに、「そういう専門職的な能力はあるが、本業のほうはできない」という判断が、いつの間にかされているわけです。

むしろ、できはするのだけれども、そこまでできない人のほうが出世しています。

もちろん、まったくできない人は出世しませんが、「できすぎるのも出世しない」というような、微妙《びみょう》な兼《か》ね合いがあって、このへんのところは難しいです。「できるのだけれども、できすぎない」というあたりの見せ方が難しいと思います。

「できる人」は、相手の自信を傷つけない

特に、上司でも海外が長い方や、あるいは海外勤務のときもそうでしょうが、「英語が非常にできる」という噂《うわさ》のある方がいます。外人と区別がつかないというほどの方がいますが、その人より、よくできるところを見せたら、ほめられて昇進《しょうしん》するかと思いきや、そんなことはないのです。

よくできる人になると、外国人と話しているときにはベラベラで、日本人とは分からないぐらい、うまい英語をしゃべっています。

例えば、ニューヨーク本社の社長が外へ出ていって、英語で電話をかけてきます。受けているのは日本人だということを向こう（社長）は知っていますが、

英語で話し続けています。日本語では絶対にしゃべらないで、英語でしゃべり続けるわけです。こちら（電話の受け手）も、社長だということは分かっているのですが、向こうが英語で話している以上、日本語では話せませんから英語で話します。

そのときに微妙に、社長の英語が、「日本人がしゃべっている英語だ」ということに気がついても、気がついていないふりをして、外国人と話しているつもりで困ったようなふうに英語をしゃべっている人は、賢いのです。本当に賢いと思います。

「日本人英語だ」と一発で見抜《みぬ》いて、すぐに、「ああ、社長ですか？」と言った人は、〝アウト〟なのです。

向こうは在米二十年で、「もう、外国人と区別はつかない」ということを自《じ》慢《まん》にしていて、周りが「すごいですね。もう全然、日本人だとは分からない」と言っているのに自信を持って、こう（右手で鼻を伸《の》ばすしぐさをする）ですので、それを一発で、「あっ、社長」などと言ったら、これはアウトです。

一方、うまい人は、外国人からかかってきていると思って、しどろもどろになって答えているようなふりをしながら、何とか用件を伝えるようなかたちでやるのです。

バカな人は、すぐに日本人だと見破って、日本語でしゃべりかけたりします。英語はできるのですが、向こうが英語をしゃべり続けているのに、「相手の英語が、日本人の英語だと、自分は分かっている」ということを教えるために、日本語で答え始めるわけです。これは、英語に自信がある方でしょう。でも、やはりバカはバカなのです。

向こう（社長）は英語に自信を持っているから、「（相手のほうは）外国人だと思って、騙《だま》されるだろう」と思って、平気で英語をしゃべり続けているので、こちらも騙されたふりをして、英語でしゃべり続けなければいけません。それを日本語でしゃべったら、アウトです。

それは、自分がやられてみたら分かるはずです。

例えば、自分が“Hello!《ハロー》”と電話をかけて、その発音を聞いて、「ああ、日本の方ですか」などと向こうに言われると、やはりカクッとくるでしょう。自分が経験したら分かることです。

それだけ自信を持っている人に、「日本人だ」とすぐ見破ったら、ほめられるどころか嫌《いや》がられるもので、「このへんが、分かるかどうか」というのは厳しいものです。

商社にもいますが、特に、帰国子女などの場合は英語ができることが多いのですけれども、英語に自信を持っている上司との関係は微妙なところがあります。

帰国子女ですから、ネイティブ張りの英語をしゃべれるし、やはり発音が微妙に日本人のものとは違《ちが》うでしょう。一方、日本人でも、英検一級を持っていたり、通訳ガイド資格を持っていたり、努力して取っている方もいます。でも、そういう方でも、やはり〝日本人の英語〟で、ときどき日本人的な部分は出ます。日本人だということは、英語を聞いたらすぐ分かります。

そのときに、帰国子女あたりは、けっこう苦しいことがあるのです。上司より、うますぎる場合に、微妙な関係があるわけです。

今度は、先ほどの、「通訳ができるから連れていってくれる」の逆バージョンが起きるのです。「英語ができるので、そいつは連れていかない」という逆バージョンがあって、「呼んでくれない」「連れていってくれない」ということがあるわけです。

つまり、「英語の下手な人しかいないところへ行ったらいい」という感じで、「英語のうまい、自信があるような人が集まっているところには、仲間として入れてくれない」というバージョンもあるのです。

ですから、実に難しいものだと思います。私も、「本当に難しいものだなあ。人の感情というのは、そんなに簡単なことではないんだなあ」と思いました。

「人間学」を知らないと、評価で翻弄《ほんろう》される

私も入社一年目のときに、簿記《ぼき》の試験を受けさせられたのですが、やったことがないので、簿記三級を二回も落ちてしまったことがありました（笑）。三回目になったら、残っているのはたまたま同じ本部でもう一人、一橋《ひとつばし》大学を出ているのに、なぜか知りませんが、簿記を二回も落ちる人でした。ありがたかったのですが、その人と〝下〟のほうで二点差ぐらいで競争していたのです。

ただ、ほかのところは、落ちた人は本当に数えるぐらいで、一人か二人ぐらいしかいなくて、二人とも呼ばれて部長に怒《おこ》られたわけです。

「財務本部でこんな……。これ、どうしてくれるんだ？　全社員に恥《はじ》をかいているの、分かるか？　合格者の回覧が回っているの分かってるのか、おまえは！　本気でやっとるのか！」と叱《しか》られて、「いや、そんなに大事なものとは知りませんでした。いずれ受かるものだと思っておりました」と言ったのですが、「お金を扱う部門でそんなことが許されると思っているのか？　しかも、全社的には、ビリから数えてウン番以内におまえら二人が、きら星のごとく光っているじゃないか！　もう、どうしてくれるんだ？」と言われて、必死になりました。その次は、さすがに真っ青《まさお》になって、必死でやったのを覚えています。

「やったことないもん」という感じで（会場笑）、こちらは開き直っていて、「できないのは当然だよね」みたいな感じでやったので、「アホか」の一言《ひとこと》でした。

そういうふうに怒られる場合もありましたが、財務本部のなかで総括《そうかつ》室長をしていた方は、人のいいタイプの方でした。

朝、赤坂《あかさか》へ出勤してきたときに、会社に入る前に出会ったりしたら、「ちょっとコーヒーでも飲もうか」と言って、一緒《いっしょ》にコーヒーを飲んでくれました。話をして、いろいろ聞かせてくれたら、「どんどんやれ。うん、うん。やったらいいよ」と言って、「ええ？　簿記落ちた？　そんなの気にしなくていいよ。一回目から受かる人にろくなやつがいやしないもん。大物はだいたいそんなものは落ちるものだから、気にしなくていい」とか言ってくれるので、「ああ、そうか」と思って、こちらはもう機嫌よくやっていましたが、そんなことはないのです。ちゃんと〝裏の評価〟というものはあって、それはけっこう厳しいものでした。

それから、逆評価もありました。リクルートの時期などには、大学の後輩《こうはい》などをリクルートするのですが、私は実績をかなりあげて、当然喜んでもらえるものだと思っていたのです。ところが、人事部は喜んでくれたものの、自分の所属する財務本部では、午後から仕事を抜けて学生と会ったりしていることを、あまり快《こころよ》く思ってはいなかったわけです。

人事部は、「東大の学生を○人取った！」と言って喜んでいるけれども、自分の所属する部署は別に喜んでいません。「おまえのおかげでほかの人の仕事が増えているんだけど、分かってるのか」という感じで、逆に評価を下げてくるようなこともありました。「会社の内部でこんなことがあっていいのか」と思いましたが、片方はものすごく上がって、片方はものすごく下がっているのです。

そのようなこともあり、「人間学が基本的には大事なのだな」ということを、本当にいろいろな面で思いました。

7 「年上のハンディ」をきちんと理解する

けなされた側は何年も〝復讐《ふくしゅう》〟の機会を狙《ねら》っている

先ほど、「切れ味が鋭《するど》すぎて、人の欠点や弱点、失敗などを、あまりピシッと言いすぎると敵ができる」というようなことを述べました。

学生仲間でしたら、言い合いをして悪口《わるくち》を言ったりしても、一日で、すぐに忘れてくれたり、その週のうちに忘れてくれたりすることがあるのですが、社会人になると、そのことについて、一年も、二年も、三年も、ずっと水面下で思っていて、〝復讐《ふくしゅう》〟の機会を狙《ねら》っている人がいることは、知っておいたほうがよいと思います。

人前で自分がバカにされたり、けなされたり、「こんなこともできないのか」と言われたり、例えば、英語ができる人に、「あ、こんな単語も知らないわけ？」というようなことを言われて恥《はじ》をかかされたりしたようなことを、その場では反論もせず、罵倒《ばとう》もしないで黙《だま》っていて、三年後ぐらいに、その仕返しをしてくるようなことがあるのです。

こういうことは、学生には、ちょっと分からないことですが、「実社会には、けっこう、そういうところはあるものだ」ということは知っておいたほうがよいでしょう。

年配者と同じ試験に受かった際に気をつけておくべき〝備え〟

それから、いろいろな試験を受ける機会もありますが、例えば、英語の試験のようなものでしたら、私などは商社に勤めていたため、けっこう上の役職の人まで、社内試験のようなものを受けにくることがありました。入社一年目、二年目、三年目ぐらいの人も受けますが、上のほうの、専務クラスぐらいの人までが受けにきたりする場合もあるのです。

ただ、これはチャレンジングではあるでしょう。「六十歳《さい》も超《こ》えているのに、いい年をして、二十代と競争をしようか」というところには、なかなかの根性《こんじょう》があると思います。四十歳も年が違《ちが》うのに、受けにきているからです。

したがって、若い人は、たまたま何かの試験に受かったりした場合の〝備え〟には気をつけておかないといけないところがあり、やはり、「公平な目で見てハンディはある」と見なければいけません。

「二十代の人が受かる試験に、六十代の人が受かる」というのは大変なことです。普通《ふつう》は、死に物狂《ぐる》いでやらないと、二十代の人と同じぐらいの結果など出せるものではありませんから、ものすごく頑張《がんば》っているのです。

「〝ねじりハチマキ〟で何カ月も勉強した」と、向こうが自慢《じまん》しているようなところに、「そうでしたかねえ。ほんの少し、三日ぐらい勉強したら受かりましたけどね」というような生意気なことを言うと、そのあと、どこから、どんな手で〝逆襲《ぎゃくしゅう》〟が回ってくるかは分からないので、気をつけたほうがよいでしょう。

これについては、本当に、心から申し上げておきたいと思います。

商社時代に受けた「国連英検」合格にまつわる失敗経験

例えば、私も、早いうちに国連英検（国際連合公用語英語検定試験）などに受かっていたのですが、当時は、とても難しい試験で、合格者というのは珍《めずら》しく、ちょうど同じ試験を会社の専務も受けていました。その方は、「アメリカ駐在《ちゅうざい》二十年」という専務で、アメリカに通算二十年も駐在し、現地の子会社の社長もしたことがある方ですが、専務として日本に帰ってきていたところ、私と同じ試験に受かったわけです。そこへ新聞社が取材に来ていたのです。

当時、六十二、三歳だったかと思いますが、専務にもなって受けていたために取材されて、それが大きな記事になっていました。経済新聞か何かでしたが、「専務という役職で、英検一級よりもはるかに難しいといわれる国連英検に合格した」ということで取材した記事が載《の》っていて、「どのように勉強されたのですか」というようなことを、いろいろと訊《き》いているわけです。

すると、「もう、半年ぐらいは死に物狂いで、〝ねじりハチマキ〟で、夜も寝《ね》ないで夜中《よなか》の三時まで頑張って勉強しました。やはり大変でした」と言っていました。在米二十年の方が、そういうことを言っていたのです。

しかし、私のほうは、愚《おろ》かにも、「ああ、一週間は勉強したかなあ。五日間だったかなあ。軽く受けたら受かってしまった」などと話していました。そして、上司である課長に呼ばれて、「おまえが受かった試験というのは、専務が受かって新聞に載っている、この試験か」と言われ、「そうです」と答えたところ、「ああ、そうか」という返事が返ってきたのです。

その後、会社のほうは、私がどこかへの転職を狙っていると思い、転職防止策に出始めました。「これだったら転職ができるな」「世界銀行とかアジア開発銀行あたりを受けたら、一発で入ってしまうな」などと、いろいろと探《さぐ》りを入れてきました。

ただ、やはり、専務が〝ねじりハチマキ〟で、半年間、徹夜《てつや》も辞《じ》せずで勉強して受かり、自慢話をして記事に載っているものに対して、「軽く勉強したら受かった」というようなことを言う社員は、生意気です。これは、言ってはならないことなので、「ちょっと失敗したかな」と思ったときはありました。

〝老人の名誉《めいよ》〟を奪《うば》うような自慢《じまん》はしてはいけない

やはり、〝老人の名誉《めいよ》〟を奪《うば》ってはいけません。そういうときには、「もう、まぐれもまぐれです」とか、「前の日にたまたま見ていたものが、試験に出ました」などと言わなければいけないのです。

あるいは、「いやあ、私も、何年がかりで、ずっと勉強しているものですから」というように、きちんと言っておかなければいけないわけで、「勉強は、特にしなかったんですけどね。英検を受けていて、英検の勉強で基礎《きそ》力があったので、国連英検の場合は、国連の案内を一回サラッと読んだら、それで受かったんです」というようなことを言っていたら、相手のほうは、カーッときます。やはり、それは言ってはいけないことでした。新聞に載るほどのことだったので、やはり大変だったのでしょう。

実際、当時は合格者が少なく、日本全国で四十人ぐらいしかいなかったので、とても珍しいことではあったのです。

「英語ができれば出世の原動力になる。尊敬されて、グイグイ行く」と思ったところが、そうではなくて、やはり、秘《ひ》さなければならないことであり、訊かれたら言ってもよいが、そうしたものを、自分からあまり言いすぎるのは、危険なことがあること、特に、誰《だれ》かが〝売り出して〟いるときに、そういうことを言うのは危険であることを、そのときに知りました。

自慢《じまん》してもいいですが、「人の手柄《てがら》を目茶苦茶《めちゃくちゃ》にしてしまうような自慢の仕方はしてはならない」という点には、気をつけたほうがよいでしょう。

「若い人ができるのは当たり前だ」と理解する

それから、年齢《ねんれい》に差があれば、ハンディがあるのは当然のことですので、やはり、その程度のことが分からないようではいけないと思います。

学生などはテストに慣れていますが、そういうものも、何十年かたつと、名前を書くだけでも手が震《ふる》えるぐらい、非常に難しいものなのです。

当教団でも、英語の試験をよく行《おこな》っていると思いますが、年齢が上になると、けっこう厳しいだろうと、本当に思います。必死に頑張っていらっしゃるのでしょう。平均点についていくのには、大変な大変な努力が必要だと思います。そのあたりのところについては、よく理解してあげて、「うわあ、僕《ぼく》より二十点も下ですね」というようなことは、絶対に、死んでも言ってはいけません。口が裂《さ》けても言ってはいけないのであって、「いや、すごく頑張られていますね」というように、尊敬しているような感じを持って、ハンディをきちんとカウントしなければいけないのです。

若い人ができるのは当たり前なのです。頭もシャープですし、記憶《きおく》も、まだ定着しているのでできるのですが、それが、だんだんとできなくなっていくものなのです。

例えば、四十代ぐらいで英語の教材なども出しているような会社の元社員で、晴山陽一《はれやまよういち》という人がいますが、その人が四十七歳ぐらいのときに、「TOEIC《トーイック》で七百四十点を出した」ということで、周りから、「それはすごい。四十代でその点数はすごいから、それで本を書け」と言われて、本を書いて出したぐらいです。その後、英検準一級にも受かったそうです。周りから見たら、それはすごいことで、「四十代以降で、TOEIC七百点台なんて、なかなか出るものではないし、英検準一級なども、受かるものではないから、それなら本が書けるよ」というようなことを言われて、本当に本を書いて出していました。

普通、その程度であれば、まだ、本などを書けるレベルではないのですが、ほかの人が受からないことも、よく知っていますから、お父さんたちに元気を与《あた》えるためにも出すべきだというようなことで、出していたわけです。

世間《せけん》では、そういうことがありますから、「自分の頭がよいからといって、それを自慢しすぎたりすると、危険なことがある」ということは知っておいたほうがよいでしょう。

8　プライドの高い部下の叱《しか》り方

「プライドが高い人」を注意する際の留意点

これまで叱《しか》られる側の経験の話をしましたが、「逆の場合」を述べたいと思います。

その後、自分が上司になったり、あるいは、社長になったりしたときには、当然、この「逆バージョン」が出てきます。

若い人のなかには、自信満々だったり、うぬぼれていたり、〝武器〟を持っていることをいろいろ言ったりする人もいると思いますが、これに注意を与《あた》えるときには、難しいところもあるのです。

私もやられたから言うわけではありませんが、プライドが高い人の場合は、あまり人前でガンガン怒《おこ》りすぎると、本人が平気なような顔をしていても、そうではない場合もあります。

やはり、少し品性を下げることがありますので、プライドの高い人の場合には、「遠回しに注意を与える」というようなことも大事なのです。「『これを言っておけば、おそらく気がつくだろう』と思うようなことを遠回しに言って、本人に気づかせる」というやり方が一つあるわけです。

「一対一」で注意をしてくれた商社時代の上司

私が仕えた上司のなかに、海外に行ったことのない、国内派の部長がいました。国内の支店などもよく回られた、叩《たた》き上げ型の人だったのですが、その人が私を叱るときには、「ちょっと」と、わざわざ私を応接間に呼び、ほかの人には見えないようなところで、「君な……」と言って、一対一で注意をしていました。

「ほかの人には見えないようなところで注意をする」ということをしていたのは、その人だけでした。あとの人は、みなが見ているところでガンガン怒ってくるわけですが、その人は、私を呼び出してから、「君なあ、あの銀行さんが来ただろう」と話し始めるのです。

会社には、きちんとした応接間もあったのですが、真ん中あたりに、ラフに椅子《いす》などが置いてある応接間などもあり、「手すりが付いている椅子と、ベンチのようになっている椅子とがあった場合、どちらが上座《かみざ》か分かるか」などと注意されたことがありました。

また、銀行の人を相手に、実に、不謹慎《ふきんしん》と言えば不謹慎な話題を振《ふ》っていたこともあり、そういうことに対しても、あとから注意をされましたし、「銀行の格によって、少し見下《みくだ》したような言い方をしていた」などといったことに対して、個別に呼ばれて注意を受けたこともありました。「ああいうことは言ってはいけないことだ」というようなことを言われたのです。

こちらとしては雑談のつもりで言っていたようなことが、相手にとっては、少し侮辱《ぶじょく》に聞こえるような言い方もあったりして、そういうときに、多少、叱られたりしたこともありました。細《こま》かい内容は、なかなか思い出せないのですが、親しくなってきたので、多少、なれなれしく言っていたことがあって、冗《じょう》談《だん》でも言ってはいけないようなことも言っていたのでしょう。

また、私は声が大きく、みなに聞こえるような声でワンワンと話していたため、「みなに丸聞《まるぎ》こえだった」というところがありました。聞こえてはいけないようなことは小さな声で話せばよいだけのことだったのですが、音量調整ができず、〝スピーカー〟をかけているように、ワンワンと話していたため、自《じ》己顕示《こけんじ》欲の塊《かたまり》のように見えていたのでしょう。

そのように、言っている内容について注意を受けるようなこともありました。

ただ、意外に、個別に呼ばれて応接間で叱られたりすると、ジワッと堪《こた》えるようなところがありました。あとからジワッと効いてくるのです。

上司に怒《おこ》られて失踪《しっそう》してしまったエリートの先輩《せんぱい》

やはり、みなが見ている前で呼び出されて怒《おこ》られる場合がいちばんきつかったのです。

私はそこまで味わってはいませんが、私の一年上の先輩《せんぱい》で、一橋《ひとつばし》大学を首席で卒業した方がそうでした。私が会社に入ったときには、その人はすでに失踪《しっそう》していなくなっていたのです。以前、話したことがありますが、「上司に上履《うわば》きで頭を殴《なぐ》られた」という人です。

そんなことは、彼の人生では一度も経験がなかったと思います。一橋大学の経済学部かどこかを首席で卒業し、エリートで入ったにもかかわらず、「こんなことも分からないのか」と怒られたのでしょう。私も同じような失敗をしましたから、おそらく、そういう細かい失敗だったと思います。

私が会社にいたときには、寮《りょう》に荷物を置いたまま失踪し、本人がいない状態だったので詳《くわ》しくは分かりませんでしたが、「みんなの前で上司が履いているスリッパを脱《ぬ》ぎ、それで頭を殴る」という光景は、自分でも信じられなかったでしょうし、親からも、学校の先生からもそういう扱《あつか》いを一度も受けたことはなかったでしょう。

商社は〝荒《あら》っぽい〟ので、そういうことがありえるわけです。海外に行った場合、死ぬこともあるぐらい危険な業種なので、いざというときは、げんこつが飛ぶこともあるわけですが、「みんなの前で、スリッパで頭を殴られた」ということは、やはり衝撃《しょうげき》だったでしょう。

そのため、その日の晩から、彼は失踪して寮に帰ってこなくなり、行方《ゆくえ》不明になりました。「寮に帰ってこない。会社に来ない。実家に帰っていない。どこへ行ったか分からない」という、行方不明のままで終わりになったのです。

私が会社に入ったときには、その人の荷物だけがあり、行方知れずになっていたわけです。自殺したのか、どこかで細々《ほそぼそ》と橋の下で生きているのかは分かりませんが、よほどプライドが傷ついたのでしょう。私はその現場にいなかったので、何を怒られたのか分かりませんが、私の経験から見て、おそらく、そうとうくだらないことで怒られたのだと思います。

「スリッパで頭を殴る」ということは、多少やりすぎかと思いますが、部長であれば、平社員に対してそのくらいのことはやりかねないと思います。

会社時代に必要だった「偶然《ぐうぜん》に外れたように見える逃《に》げ方」

そういうことがありましたので、私も、「おまえも、そうなるぞ」とさんざん脅《おど》されました。

私は、いちおう剣道《けんどう》を何年かやっていた経験があるので、いざというときは守ることができます。いきなりパンチが飛んできたり、物が投げつけられたり、殴られたりする可能性がないわけではないので、背後からいきなり殴りかかられた場合でも、フッと避《よ》けて命に別状はないようにするのです。フェイントだけはできるように警戒《けいかい》の〝バリア〟だけはいつも張っていました。

私は会社で頻繁《ひんぱん》に失敗をしていましたので、いつ怒られるか分かりませんでした。そのため、「おまえ！」と言われて、いきなりガーンと怒られたときは体をスーッと軽く動かして、偶然《ぐうぜん》にかわしたようにしようと思っていました。本当は殴られなければいけない場面でも、「偶然に外れたように見える逃《に》げ方」をしなければいけないのです。

それを頭にインプットしながら、剣道の有段者である以上、簡単に殴られないようにサッと軽くかわさなければいけませんが、軽くかわしているように見えてもいけないため、偶然にギリギリ外れたように見せなければいけないわけです。

このように、いつも用心をしながら、会社に通っていた時期もありました。そろそろ怒られるかもしれないと思っていた時期に、周りから、「おまえも怒られるぞ。絶対、同じようになる」などと言われていたので少し怖《こわ》かったこともありました。

ですから、上に立った場合は、折々に部下をほめてあげることも大事です。

また、プライドが高い人を叱るときは、「遠回しに注意を与えて、本人に気づかせる」という場合と、「一人だけ呼んで注意を与える」という場合があるわけです。

人事の流れを逆転させ、副社長になった東大法学部の先輩《せんぱい》

また、名古屋《なごや》勤務時代、私の大学の先輩《せんぱい》に当たる方が支社長で常務をしていましたが、不満が溜《た》まっているようでした。

その方は単身赴任《ふにん》をしていましたので、週末、お酒を飲むために、私はその

方の社宅に呼ばれたのです。そのとき、部長も同行していたのですが、会社の上層部に対する愚痴《ぐち》をかなり言っていました。

そして、帰り際《ぎわ》に部長から、「今日、聞いた話のなかには、君が外に言ってはいけないことが幾《いく》つか入っていたと思うよ。それがどれのことか分かっているか。それについては口外《こうがい》しないようにしなさい。常務が不満が溜まっていることは分かっている。君を後輩だと思って、『自分に不利なことは言わない』と信用して言っているのだから、そこのところはきちんと分かっていなさい」と言われたのです。

要するに、常務は副社長や社長の悪口《わるぐち》を言っていましたので、それが彼らの耳に入ったら逆鱗《げきりん》に触《ふ》れるわけです。

当時、東大の経済学部卒の人が社長と副社長になっていましたが、その方は東大法学部卒の常務でした。私を呼んだのは、私も同じく東大法学部卒だったからです。

「経済学部卒が上に立った場合は、法学部卒は使えないから、すぐに外すんだ。俺《おれ》の先輩でも、優秀《ゆうしゅう》な法学部卒がたくさんいたけれども、全員外されて経済学部卒ばかりが残っている。経済学部の後輩のほうが言うことをきくから経済学部卒ばかり引いて、法学部卒をみな、消していっているんだ。俺は鈍臭《どんくさ》く見えるから何とか生き残っていたが、とうとうやられてしまった」というような愚痴を言っていました。

また、その後、私が東京に戻《もど》ってから会社をすぐに辞《や》めたという、ひょんなことが起きたため、人事の流れが逆転してしまったそうです。その人は名古屋勤務で〝最後〟になるはずでしたが、本社の財務担当の常務で返り咲《ざ》き、そのあと、副社長まで上がってしまったのです。

月曜日は会議があるため、東京に役員が集まるのですが、そのときに、その人は、「あいつが会社を辞めるとは、よほどマネジメントが悪い。許せん！　私が本部長のときにせっかく採《と》った人材なのに、あいつが辞めるなんて、けしからん」と言って、だいぶねじ込《こ》んだらしいのです。

それによって、その上の幹部が全員〝飛んで〟しまったので、すでに〝終わっていた人〟であるにもかかわらず、東京に戻ってきて、最後は副社長まで上がっていきました。

このように、「人間関係」によって、かなり上がり下がりがあるのです。

いったん外された人があとから出世することもある

それから、同期のなかで先に出世する人がいると、ほかの同期を近くに置いておくと邪魔《じゃま》であるため、外《はず》されて遠くへ行っていた人もいました。カナダに駐在《ちゅうざい》しているうちにすっかり忘れられてしまって、「出世が六年も遅《おく》れていた。出世させることを忘れていた」という人もいたのです。

それについては、「あまり自己主張が強い人ではなかった」という理由もあるのですが、その人もあとからグイグイと上がっていきました。カナダに駐在して、出世が六年も遅れていた人があとから上がってきたわけです。その人の同期で、先に財務本部長になった人がいましたが、その人は、あとから戻ってきて専務まで上がっていきました。そういうこともあるわけです。

このように、いったん外れて出世が遅れたと思った人が、あとから上がってくることもあるので、人間関係はつくづく難しいと思います。思わぬところで隙《すき》を見せたときに、それを条件にして逆転劇が起きることもあるのです。

私のような〝ぺーぺー〟だった者が会社を辞めても、上の幹部まで替《か》わってしまうようなことがありましたので、分からないことが多いと思います。

9　帝王学《ていおうがく》の根本《こんぽん》にあるもの

処世のためのさまざまな心得とは

①「私心《ししん》」を離《はな》れて公的に叱《しか》る訓練を

帝王学《ていおうがく》においては、基本的には面倒見《めんどうみ》がよいのはよいことだと思います。ただ、個人的感情が止まらない人には、どこかで〝バリア〟が出てくるでしょう。

会社が大きくなった場合、「部下を叱《しか》る」というのは当然のことです。部下の数が多くなればなるほど、叱らないと言うことをきいてくれませんので、上司は叱るようにはなるのですが、やはり、できるだけ私心《ししん》を離《はな》れて公的に叱る訓練をしなければいけないと思います。

②「上手な人間間《かん》の距離《きょり》の取り方」を知る

また、派閥《はばつ》のようなものがよくできることがありますが、派閥の上にいる人が外れたら、その下の人も、全員、出されてしまうようなこともありますので、そういうときの身の処《しょ》し方はよく知っておいたほうがよいと思います。

要するに、「上手な人間間《かん》の距離《きょり》の取り方」のようなものは知っておいたほうがよいでしょう。

③ 上司の失敗を未然に防ぎ、上司の手柄《てがら》にする

それから、よくできる部下の場合は、自分の手柄《てがら》だけを求めてはいけません。上司の失敗を未然に防ぐことぐらいは行うべきですし、さらに、自分の手柄にしないで、上司の手柄に持っていけるようにする〝うまさ〟が要《い》るのではないかと思います。

④ プライベートなことには気をつける

そして、プライベートなことだと思っても、人に言ってはいけないことがあるので、そのあたりについては気をつけなければいけません。

先ほど述べたように、上司でも愚痴《ぐち》を言ってくるような場合もあります。そ

れは信用して言っている場合もありますし、「他人には言ってほしくない」と思っていることもあるわけです。つまり、部下に甘《あま》えがあって言っている場合もあるので、そのあたりについては懐《ふところ》深く聴《き》いてあげる必要があると思います。

⑤公的な面から見て危ないときは、きちんと上司に言うべき

普段《ふだん》は命令をよく聞いて、仕事がよくできる部下であることは大事ですが、「危急存亡《ききゅうそんぼう》の秋《とき》」といいますか、「これは課や部、あるいは会社全体にとって危ない」というときになったら、「自分の身を守る」という考えではいけません。自分が危ないかもしれませんし、〝バッテン〟がつくかもしれませんが、「公的な面から見て危ない」と思うようなときになったら、きちんと上司に言っていくことが大事です。

「これは危ないです」と言ってくれる人は頼《たよ》りになります。そのときは、少し居心地《いごこち》が悪いかもしれませんが、やはり、言わなければいけないときがあると思います。

人の上に立てば立つほど「私《わたくし》」をなくす気持ちが必要

「ザ・リバティ」（二〇一四年十一月号〔幸福の科学出版刊〕）にも書いてありましたが、上に立てば立つほど無私《むし》になっていかなければいけない面がありま す（「『人間学』がリーダーをつくる」中国文学者・守屋洋《もりやひろし》インタビュー）。

これは、なかなか学校では教わらないことなので、自分で努力して身につけていかなければいけないことなのですが、人の上に立てば立つほど、部下の数が多くなればなるほど、「私《わたくし》」をなくしていく気持ちを努力して持つべきです。「私」の部分は、ゼロにはならないとは思います。最後までゼロには、結局、ならないものです。本来なら、自分が「百」のことをやれば、「百」の評価をもらいたいわけです。これが普通です。「百以上」の評価をもらえたら、とてもありがたいと思うでしょう。これは、下に行くほどそうです。「百」の仕事をやって、「百二十」の評価をもらえたらうれしいわけです。

しかし、上に行くほど、例えば、自分が「百」のことをやって「ゼロ」の評価しか認められていなくても、平気でいられるぐらいでなければいけないのです。

なかなか「ゼロ」には耐《た》えられないかもしれません。「百のうちの五十しか認められない」「三十しか認められない」、あるいは、ほかの人の手柄として認められるようなこともあるでしょう。そのように、自分の手柄にはならないとしても、やはり、「会社のためになれば、それはそれで構わないのだ」という気持ちでいられることが大事です。

すなわち、「私」のところをできるだけ抑《おさ》え、小さくしていく努力をしていったほうがよいのです。

本来、その人が「百」を得るべきところで、「百」を得られなかったとしても、忍耐《にんたい》していられる余地があればあるほど、この部分がある意味での「徳」になっていきます。

そして、それを周りの人の誰《だれ》かが知っているか、見ていることが多く、いざというときに、そういう人が、きちんとほかの人に言ってくれるようなこともあるのです。徳を積んでいる部分をしっかりと見ている人がいて、何かのときに助け船を出してくれることがあります。

したがって、「全部が自分の手柄にはならない」「自分に戻《もど》ってこない」ということを、あまり怒《おこ》ったりしないことが大事です。

「責任を感じる大きさ」が、その人の大きさを決める

それから、「責任回避《かいひ》」についても、やはり気をつけなければいけません。人の上に立てば立つほど、責任回避はしにくくなります。

出来の悪い人は、部下に責任を押《お》し付ける傾向《けいこう》がありますけれども、たいていは嫌《きら》われます。ただ、自己保存本能から、部下の責任にしないではいられないのです。必ず、「部下が悪い」「あいつがチョンボした」ということになりま

すし、社内的にも、上に責任をかけないようにするために、下の責任にして処理する場合もあります。

ただ、自分自身ではそういうことをなるべくしないように努力したほうがよいでしょう。

帝王学の根本《こんぽん》としては、やはり、「すべての責任は自分にある」と思っていなければいけないわけです。

もし、自分の仕事ではないものだったとしても、自分がそれを知っていたら、止《と》めることはできたか。被害《ひがい》は、多少なりとも小さくできたか。何らかの手が打てたか。あるいは、自部署の仕事でなければ、自分ではできなかったとしても、その部署の知り合いに、間接的に情報を伝えることによって、何とか止めることはできたか。

　そのようなことをしないでおくのでは、やはりいけません。結局、「どの程度の範囲《はんい》まで責任を感じるか」という責任感の大きさが、その人の大きさになっていくのです。

　すなわち、「自分が直接できないことに対し、どこまで責任を感じられるか」ということです。直接することに責任を感じるのは当たり前のことですけれども、直接できないことに対しても責任を感じられるようになってきたら、やはり本物だと言えるでしょう。

10 帝王学《ていおうがく》の最後は「危機管理」と「判断力」

周囲の仕事にも関心を広げることで高まる「危機管理能力」

「帝王学《ていおうがく》」といっても、最後は大きく分けて二つに収斂《しゅうれん》されていきます。その一つは「危機管理」です。

普通《ふつう》に、順調に物事が進んでいるときには問題はなく、それぞれの分《ぶん》によって、みな巡航《じゅんこう》速度で思いついたことをしていればよいでしょう。しかし、外部環境《かんきょう》が変わったり、予想していないことが起きたりしたとき、要するに、「マニュアルにないものが出てきたときには、どうしたらよいか」という危機管理能力が問われるのです。

そういうときに、見事に難題を切り抜《ぬ》けられるような人は、「帝王学」を身につけていく人だと言えます。そして、何事もなく、普段どおりのかたちにスーッと戻《もど》していけるようなタイプの人は、人の上に立つべき人です。そういう人には危機管理の能力があるわけです。

これは、やはり、常日頃《つねひごろ》の関心の深さであり、いろいろなことに関心を持ってアンテナを張っていて、今やっている仕事ではないところの仕事が発生したときにもできるように、日頃から勉強や準備を積んでいるということでしょう。そういうことが危機管理能力につながってくると思います。

したがって、よくできる人は、自分の仕事をしていて、電話をしているときであっても、ほかの人の話や電話なども聞いています。かつての私もそうでしたが、隣《となり》の課や部の人が電話している話まで、よく聞いています。

また、ほかの人の机の横を通っていくときに、どんなことをしているか、机の上をチラッと一瞬《いっしゅん》、見ています。一秒見ただけでも、「こういう仕事をしているんだな」と、何をしているかが分かるわけです。

離席《りせき》時には重要書類を裏返すことも「危機管理」の一つ

危機管理とも関係するかもしれませんが、席を離《はな》れるときに、大事な書類等を表側に向けたまま置いていったりするような人は、よく怒《おこ》られるでしょう。

私も、社会人になったばかりのころに怒られたことがあります。銀行員など、外部の人がよく社内に入ってくるため、「書類を見られたら、わが社の中身が分かってしまうじゃないか。だから、席を外してトイレに行ったり、外に出ていったりするときには、書類を裏返しなさい」と、細《こま》かいことではありますが、そんなことも言われました。

外部の人に情報を抜かれ、知られることによって、何かがばれたりすることもあるので、やはり、そういう危機管理については、常に関心を持っていなければいけません。

このように、「危機管理」ということが大事です。

帝王学《ていおうがく》において最も大事な「判断力」

もう一つは「判断力」です。結局、これが「帝王学《ていおうがく》」においていちばん大事なところだと言えます。

すなわち、人間は判断をしなければいけないのです。仕事というのは、最後は「判断」なのです。選択肢《せんたくし》がたくさんあったとしても、グーッと絞《しぼ》っていくと、最後には二つになります。最後は「イエス」か「ノー」かであり、そのどちらかの判断をしなければいけないわけです。

そのときに、どちらを取ったとしても、百点でも零《ゼロ》点でもない場合があるのです。学校のテストの答えではありませんので、「百点か零点か」「マルかバツか」ではない判断が絶対に出てきます。その問題に対して「イエスかノーか」を出さなければなりません。この「イエスかノーか」を出すときに判断を下《くだ》し、それに対する反応への責任を取れなければいけないのです。

これがトップの条件の一つであると言えるでしょう。最後には「判断力」が残るので、ピシッピシッと判断していくことが大事です。

映画「ゴッドファーザー」に見る、マフィアのボスの「判断力」

この「判断力」の大切さは、別に、会社の社長や、総理大臣、大統領だけに言えることではありません。渡部昇一《わたなべしょういち》氏が、「息子《むすこ》が大学へ入ったら、映画『ゴッドファーザー』を観《み》せなさい」と書かれていたように（渡部昇一著『自分の品格』）、それは、ああいうマフィアのボスなどにも通じる面があるかもしれないのです。

ゴッドファーザーは、イタリア系マフィアのボスで、いわゆる裏社会ではありながら、一種の権力を持っており、世の中を動かしていました。

仕事は、表向きの仕事をしつつも、裏ではいろいろとギャング紛《まが》いのこともしています。

そのなかで、〝ファミリー〟での約束を違《たが》えたり、反抗《はんこう》するようなことをしたり、裏切ったりした者は消されるようなことがあるわけですけれども、そこには当然、それまでのさまざまな情が絡《から》むので、その部分を考えた上で判断を下さなければいけないわけです。そのときに、「ゴッドファーザーとしての判断」を下します。そのあたりは、やはり厳しいところでしょう。

ゴッドファーザーとして選ばれるための「意外な条件」とは

映画「ゴッドファーザー」（三部作）で描かれている初代ゴッドファーザー（マーロン・ブランド）は、懐《ふところ》の深いタイプの、なかなかの名優でしたけれども、その三男をアル・パチーノが演じ、有名になった作品です。若いころから年を取って死ぬところまでが描かれています。

最初、父は長男を跡継《あとつ》ぎにしようと思っていたにもかかわらず、結局、三男が跡継ぎになりました。三男は海兵隊で手柄《てがら》を立てた英雄《えいゆう》なので、父としては、「こいつだけは堅気《かたぎ》で置いておきたい。マフィアの世界には入れたくない」と思っていたのです。

しかし、実際には、父が撃《う》たれ、長男も殺され、〝ファミリー〟を守るために三男がゴッドファーザーの跡継ぎになりました。

そのように、ゴッドファーザーとしての条件は、「平気で悪を犯《おか》せる」「喧嘩《けんか》っ早い」「カーッとくる」「嘘《うそ》が言える」といったことではなかったのです。意外にも、海兵隊で手柄をあげるような、普通の仕事で英雄になれるタイプの人が選ばれているのを見ると、結局は「判断力」と「胆力《たんりょく》」の問題でしょう。

ただ、することは、やはりゴッドファーザーとしての仕事ですから、闇《やみ》社会に関係することの判断も入っています。〝怖《こわ》い〟仕事も入っていますが、それを淡々《たんたん》と判断し、実行しています。そこには、ある種の凄《すご》みがあります。「判断を下していくこと」が最後の仕事なのです。奥《おく》の部屋で、会議する声を聞きながら、ゴッドファーザーとしての判断を出していきます。

例えば、怖い話ですけれども、「もし、あいつが『おまえの身に危害を加えないから、××で会って話をしよう』と、次に言ってきた場合には、おまえを殺すつもりだから、そのときには、殺される前にちゃんと殺せ」などということを初代が二代目にパシッと言ったりしていました。

ゴッドファーザーの跡継《あとつ》ぎ候補に迫《せま》った、ある決断

それから、アル・パチーノ演じる二代目ゴッドファーザーのあと、その甥《おい》が次の三代目ゴッドファーザーになるのですけれども、その甥は二代目ゴッドファーザーの娘《むすめ》と、いとこ同士ながら恋仲《こいなか》になります。

そのことを知っていた二代目ゴッドファーザーは、引退を決意したとき、甥

に対し、自分の跡を継いでゴッドファーザーになる道を選ぶなら、「娘を諦《あきら》めろ」と言いました。

なぜなら、敵は必ず愛する者を狙《ねら》うからです。娘を愛したり結婚《けっこん》したりしようとするなら、娘は敵から必ず狙われることになります。そのため、「仕事のほうを取って、ゴッドファーザーの跡を継ぐならば、娘を諦める」という条件を出したのです。

そして、甥は諦めることに同意したため、ゴッドファーザーの跡を継ぐことになったわけです。

ただ、そのようにして、ゴッドファーザーは娘を堅気《かたぎ》のままに置いておこうとしたにもかかわらず、その後、娘は、父を狙う殺し屋からの銃撃《じゅうげき》を受け、父の身代わりとなるかたちで亡くなってしまいました。

映画ではそういうことが描かれていました。

やはり、「最後は、『危機管理』『判断力』『胆力』といったものが、組織の頂点にいる者にかかってくる圧力をはねのけ、仕事を進めていくための力になる」ということです。

組織のトップに必要な「最終判断の重み」を受け止める力

宗教において「ゴッドファーザー」の話をするのはやはり忍《しの》びないものがありますけれども、似ているところはあるかもしれません（笑）。少なくとも〝闇社会〟ではないとは思っているのですが、若干《じゃっかん》、似ているところがなくもありません。

宗教においては、教祖が命令をすると、そのとおりに組織が動きますので、その意味では、マフィアや軍隊と変わらない面があります。命令を下すと、そのとおりに組織が動き始めるので、その意味での〝怖さ〟は知らないといけないでしょう。「命令をすると、どのようになるか」という結論に対し、教祖は責任を取らなければいけないわけです。

幸福の科学グループのなかには政党（幸福実現党）もありますけれども、党の創立者で総裁である私が判断を下したら、どうなるでしょうか。

例えば、ほかの政党で活動している政治家、総理大臣や各大臣等に対しても、「これは許せない。年内に終わらせなければいけない」という判断を出せば、組織はそのように動き始めますから、非常に怖いことです。本当に、そういうことが起きてきます。

その意味で、「現代の帝王学」においても、「最終判断の重み」というものを噛《か》みしめ、最後の『イエスかノーか』という判断をしてのけて、その重みを受け止めるだけの力が要《い》る」ということは知っておいたほうがよいでしょう。

これは、部下に対し、「おまえが判断しておいてくれ。権限移譲《いじょう》だ」というようなことでは済まないところがあります。やはり、最終の「恐《おそ》ろしく、怖く、重大な判断」をしなければいけません。

その結果、宗教的に言えば、「天国に行くか、地獄《じごく》に行くか」というようなことがあるかもしれませんし、この世的には「刑務所《けいむしょ》に入るか、入らないか」というようなこともあるかもしれませんが、そうした重い判断をしなければいけないこともあるわけです。そのあたりのことは知っておいたほうがよいでしょう。

新入職員からトップをにらむ者まで必要な「現代の帝王学《ていおうがく》」

「新入職員的な心得」から、「トップをにらむ者の心得」まで、いろいろなかたちで話をしました。

これから若い人がさまざまなところで聞くようなことが多いと思われるものを考慮《こうりょ》し、そういう譬《たと》えをだいぶ入れたつもりです。

やはり、偉《えら》くなりたければ、単に「仕事ができればよい」というだけではなく、「人間関係の問題」や「精神性の問題」など、さまざまなものがあるということを知っておいてもらいたいと思います。

「帝王学《ていおうがく》」といえば、だいたい、中国の古典に当たるような、昔の王様などの立《た》ち居《い》振《ふ》る舞《ま》いや、「部下の諫言《かんげん》を聞く」、「こういうときにこういうことをした」といった話から例を引くことが多いものです。

しかし、昔のことでは、みなさんにはあまり関係がないように聞こえるでしょうから、今回は現代的な話をたくさん使いました。

これが「現代の帝王学序説」です。何らかの参考にしてくだされば幸いです。

あとがき

若いうちには、一生懸命《いっしょうけんめい》努力しているのに、人生の作法が分からないために叱られるという経験を積んだほうがよいだろう。天狗《てんぐ》の心は失敗のもとだ。スタート点は低かったり、スローであったほうが、多くの人の裏表がよく分かり、細かいことも教えてくれるものだ。屈辱《くつじょく》を受けたり、劣等感の塊《かたまり》になることも、成功への長距離ランナーへと変身するための起爆剤となることだろう。

現代社会において「帝王学」を学ぶことはそう簡単なことではない。平等と民主主義が支配し、自由からは激しい競争が生じてくる。心を平静にし、淡淡《たんたん》と努力していく中に、判断力、責任感、胆力、無私の力を磨いていくがよい。
人の上に立つ者の心構えを自得していくことが肝心《かんじん》だ。

二〇一四年　十月十八日

幸福《こうふく》の科学《かがく》グループ創始者兼総裁《そうししゃけんそうさい》
幸福《こうふく》の科学大学創立者《かがくだいがくそうりつしゃ》　大川隆法《おおかわりゅうほう》

現代《げんだい》の帝王学序説《ていおうがくじょせつ》
――人の上に立つ者はかくあるべし――

2014年10月21日　初版第1刷

著　者　大《おお》川《かわ》隆《りゅう》法《ほう》

発行所　幸福の科学出版株式会社
〒107-0052 東京都港区赤坂2丁目10番14号
TEL(03)5573-7700
http://www.irhpress.co.jp/

印刷・製本　株式会社 東京研文社

落丁・乱丁本はおとりかえいたします
©Ryuho Okawa 2014. Printed in Japan. 検印省略
ISBN978-4-86395-577-6 C0030

大川隆法シリーズ・最新刊

国際政治を見る眼

世界秩序《ワールド・オーダー》の新基準とは何か

日韓関係、香港民主化デモ、深刻化する「イスラム国」問題など、国際政治の論点に対して、地球的正義の観点から「未来への指針」を示す。

1,500円

元社会党委員長・土井たか子の霊言

死後 12 日目の緊急インタビュー

「マドンナ旋風」を巻き起こし、初の女性衆議院議長にもなった土井たか子氏。護憲、非武装中立を唱えた政治家は、死後、どうなったのか?

1,400円

本当に心は脳の作用か？

立花隆の「臨死体験」と「死後の世界観」を探る

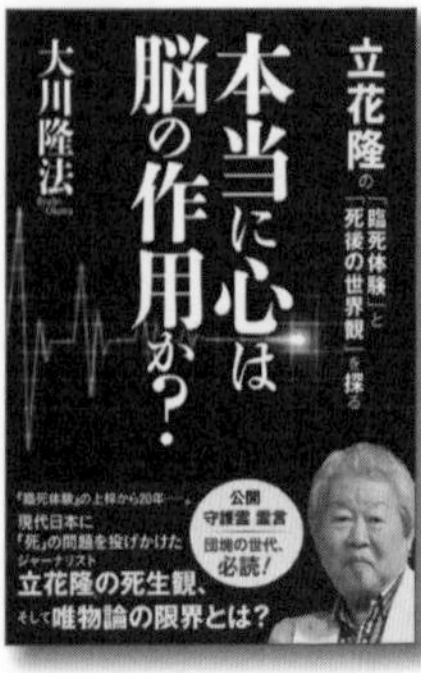

「脳死」や「臨死体験」を研究し続けてきた立花隆氏の守護霊に本音をインタビュー！ 現代のインテリが陥りやすい問題点が明らかに。

1,400円

※表示価格は本体価格(税別)です。

幸福の科学「大学シリーズ」・最新刊

豊受大神《とようけのおおかみ》の女性の幸福論

欧米的な価値観がすべてではない——。伊勢神宮・外宮の祭神であり、五穀豊穣を司る女神が語る、忘れてはいけない「日本女性の美徳」とは。

1,500円

女性らしさの成功社会学

女性らしさを「武器」にすることは可能か

男性社会で勝ちあがるだけが、女性の幸せではない——。女性の「賢さ」とは?「あげまんの条件」とは? あなたを幸運の女神に変える一冊。

1,500円

卑弥呼の幸福論

信仰・政治・女性の幸福

愛と信仰、そして美しさ——。かつて調和によって国を治めた邪馬台国の女王に、多様化する現代社会における「女性の幸福論」を説く。

1,500円

大川隆法 ベストセラーズ・幸福の科学「大学シリーズ」

新しき大学の理念

「幸福の科学大学」がめざす ニュー・フロンティア

2015年、開学予定の「幸福の科学大学」。日本の大学教育に新風を吹き込む「新時代の教育理念」とは？ 創立者・大川隆法が、そのビジョンを語る。

1,400円

「経営成功学」とは何か

百戦百勝の新しい経営学

経営者を育てない日本の経営学⁉ アメリカをダメにしたMBA――⁉ 幸福の科学大学の「経営成功学」に託された経営哲学のニュー・フロンティアとは。

1,500円

「人間幸福学」とは何か

人類の幸福を探究する新学問

「人間の幸福」という観点から、あらゆる学問を再検証し、再構築する――。数千年の未来に向けて開かれていく学問の源流がここにある。

1,500円

「未来産業学」とは何か

未来文明の源流を創造する

新しい産業への挑戦――「ありえない」を、「ありうる」に変える！ 未来文明の源流となる分野を研究し、人類の進化とユートピア建設を目指す。

1,500円

※表示価格は本体価格（税別）です。

大川隆法ベストセラーズ・幸福の科学「大学シリーズ」

プロフェッショナルとしての国際ビジネスマンの条件

実用英語だけでは、国際社会で通用しない！ 語学力と教養を兼ね備えた真の国際人をめざし、日本人が世界で活躍するための心構えを語る。

1,500円

青春マネジメント

若き日の帝王学入門

生活習慣から、勉強法、時間管理術、仕事の心得まで、未来のリーダーとなるための珠玉の人生訓が示される。著者の青年時代のエピソードも満載！

1,500円

「成功の心理学」講義

成功者に共通する「心の法則」とは何か

人生と経営を成功させる「普遍の法則」と「メンタリティ」とは？「熱意」「努力の継続」「三福」——あなたを成功へ導く成功学のエッセンスが示される。

1,500円

「実践経営学」入門

「創業」の心得と「守成」の帝王学

「経営の壁」を乗り越える社長は、何が違うのか。経営者が実際に直面する危機への対処法や、成功への心構えを、Q & Aで分かりやすく伝授する。

1,800円

幸福の科学出版

大川隆法 ベストセラーズ・発展する企業を創る

社長学入門

常勝経営を目指して

豪華装丁
函入り

デフレ時代を乗り切り、組織を成長させ続けるための経営哲学、実践手法が網羅された書。

9,800円

未来創造のマネジメント

事業の限界を突破する法

豪華装丁
函入り

変転する経済のなかで、成長し続ける企業とは、経営者とは。戦後最大級の組織をつくり上げた著者による、現在進行形の経営論がここに。

9,800円

逆転の経営術

守護霊インタビュー
ジャック・ウェルチ、カルロス・ゴーン、ビル・ゲイツ

豪華装丁
函入り

会社再建の秘訣から、逆境の乗りこえ方、そして無限の富を創りだす方法まで──。世界のトップ経営者3人の守護霊が経営術の真髄を語る。

10,000円

※表示価格は本体価格(税別)です。

大川隆法ベストセラーズ・ビジネスパーソンに贈る

サバイバルする社員の条件

リストラされない幸福の防波堤

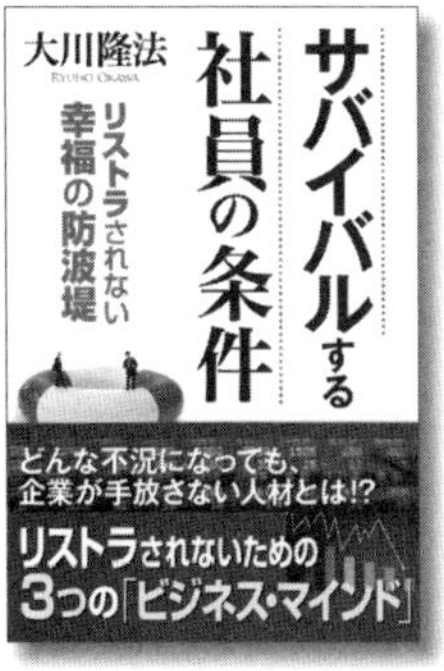

能力だけでは生き残れない。不況の時代にリストラされないためのサバイバル術が語られる。この一冊が、リストラからあなたを守る!

1,400円

リーダーに贈る「必勝の戦略」

人と組織を生かし、新しい価値を創造せよ

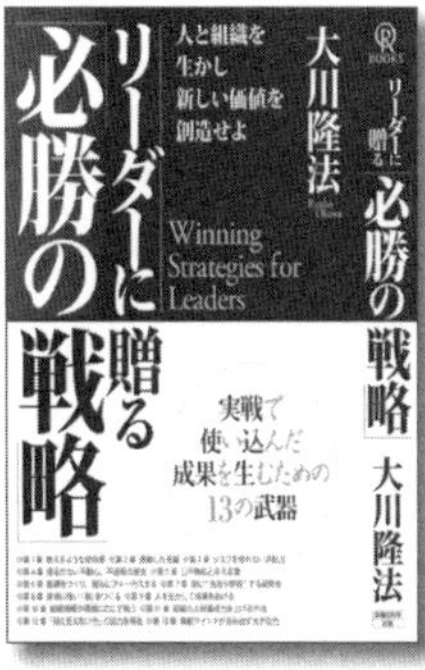

燃えるような使命感、透徹した見識、リスクを恐れない決断力……。この一書が、魅力的リーダーを目指すあなたのマインドを革新する。

2,000円

ストロング・マインド

人生の壁を打ち破る法

試練の乗り越え方、青年・中年・晩年期の生き方、自分づくりの方向性など、人生に勝利するための秘訣に満ちた書。

1,600円

幸福の科学出版

大川隆法ベストセラーズ・人生に勝利する

常勝の法

人生の勝負に勝つ成功法則

人生全般にわたる成功の法則や、
不況をチャンスに変える方法など、
あらゆる勝負の局面で勝ち続ける
ための兵法を明かす。

1,800円

成功の法

真のエリートを目指して

愛なき成功者は、真の意味の成功
者ではない。個人と組織の普遍の
成功法則を示し、現代人への導き
の光となる、勇気と希望の書。

1,800円

忍耐の法

「常識」を逆転させるために

人生のあらゆる苦難を乗り越え、夢や
志を実現させる方法が、この一冊に
──。混迷の現代を生きるすべての人
に贈る待望の「法シリーズ」第20作！

2,000円

※表示価格は本体価格（税別）です。

大川隆法 霊言シリーズ・君子への道

孔子の幸福論

聖人君子の道を説いた孔子は、現代をどう見るのか。各年代別の幸福論から理想の政治、そして現代の国際潮流の行方まで、儒教思想の真髄が明かされる。

1,500円

王陽明・自己革命への道
回天の偉業を目指して

明治維新の起爆剤となった「知行合一」の革命思想──。陽明学に隠された「神々の壮大な計画」を明かし、回天の偉業をなす精神革命を説く。

1,400円

朱子の霊言
時代を変革する思想家の使命

秩序の安定と変革、実学と霊界思想、そして、儒教思想に隠された神仏の計画……。南宋の思想家・朱子が語る「現代日本に必要な儒教精神」とは。

1,400円

幸福の科学出版

大川隆法 霊言シリーズ・**時代を拓く英雄の条件**

項羽と劉邦の霊言　項羽編
―― 勇気とは何か

真のリーダーの条件とは何か――。
乱世の英雄・項羽が、「小が大に勝つ極意」や「人物眼」の鍛え方、さらに、現代の中国や世界情勢について語る。

1,400円

項羽と劉邦の霊言　劉邦編
―― 天下統一の秘術

2200年前、中国の乱世を統一した英雄・劉邦が、最後に勝利をつかむための「人間学」「人材論」「大局観」を語る。意外な転生の姿も明らかに。

1,400円

百戦百勝の法則
韓信流・勝てる政治家の条件

人の心をつかむ人材となれ――。
不敗の大将軍・韓信が、ビジネスにも人生にも使える、「現代の戦」に勝ち続ける極意を伝授。
【幸福実現党刊】

1,400円

※表示価格は本体価格(税別)です。

大川隆法 霊言シリーズ・戦国三英傑の霊言

織田信長の霊言

戦国の覇者が示す国家ビジョン

緊迫する外交危機にあっても未来ビジョンなき政治、マスコミ、国民の問題点を鋭く分析——。日本の未来を切り拓く「攻めの国防戦略」を語る。

1,400円

太閤秀吉の霊言

天下人が語る日本再生プラン

いまの日本は面白くない！ 天下人まで登りつめた秀吉が、独自の発想力とアイデアで、国難にあえぐ現代日本の閉塞感を打ち砕く。

1,400円

徳川家康の霊言

国難を生き抜く戦略とは

なぜ、いまの政治家は、長期的な視野で国家戦略が立てられないのか。天下平定をなしとげた稀代の戦略家・徳川家康が現代日本に提言する。

1,400円

Noblesse《ノーブレス》 Oblige《オブリージ》
「高貴なる義務」を果たす、
「真のエリート」を目指せ。

幸福の科学学園
中学校・高等学校（那須本校）

Happy Science Academy Junior and Senior High School

私は、
教育が人間を創ると
信じている一人である。
若い人たちに、
夢とロマンと、精進、
勇気の大切さを伝えたい。
この国を、全世界を、
ユートピアに変えていく力を
出してもらいたいのだ。

（幸福の科学学園 創立記念碑より）

幸福の科学学園 創立者
大川隆法

幸福の科学学園（那須本校）は、幸福の科学の教育理念のもとにつくられた、男女共学、全寮制の中学校・高等学校です。自由闊達な校風のもと、「高度な知性」と「徳育」を融合させ、社会に貢献するリーダーの養成を目指しており、2014年4月には開校四周年を迎えました。

Noblesse《ノーブレス》 Oblige《オブリージ》

「高貴なる義務」を果たす、
「真のエリート」を目指せ。

2013年 春 開校

幸福の科学学園 関西中学校・高等学校

Happy Science Academy
Kansai Junior and Senior High School

私は日本に
真のエリート校を創り、
世界の模範としたい
という気概に満ちている。
『幸福の科学学園』は、
私の『希望』であり、
『宝』でもある。
世界を変えていく、
多才かつ多彩な人材が、
今後、数限りなく
輩出されていくことだろう。
（幸福の科学学園関西校 創立記念碑より）

幸福の科学学園 創立者
大川隆法

滋賀県大津市、美しい琵琶湖の西岸に建つ幸福の科学学園（関西校）は、男女共学、通学も入寮も可能な中学校・高等学校です。発展・繁栄を校風とし、宗教教育や企業家教育を通して、学力と企業家精神、徳力を備えた、未来の世界に責任を持つ「世界のリーダー」を輩出することを目指しています。

幸福の科学学園・教育の特色

「徳ある英才」の創造

教科「宗教」で真理を学び、行事や部活動、寮を含めた学校生活全体で実修して、ノーブレス・オブリージ(高貴なる義務)を果たす「徳ある英才」を育てていきます。

体育祭

天分を伸ばす「創造性教育」

教科「探究創造」で、偉人学習に力を入れると共に、日本文化や国際コミュニケーションなどの教養教育を施すことで、各自が自分の使命・理想像を発見できるよう導きます。さらに高大連携教育で、知識のみならず、知識の応用能力も磨き、企業家精神も養成します。芸術面にも力を入れます。

探究創造科発表会

一人ひとりの進度に合わせた「きめ細やかな進学指導」

熱意溢れる上質の授業をベースに、一人ひとりの強みと弱みを分析して対策を立てます。強みを伸ばす「特別講習」や、弱点を分かるところまでさかのぼって克服する「補講」や「個別指導」で、第一志望に合格する進学指導を実現します。

授業の様子

自立心と友情を育てる「寮制」

寮は、真なる自立を促し、信じ合える仲間をつくる場です。親元を離れ、団体生活を送ることで、縦・横の関係を学び、力強い自立心と友情、社会性を養います。

毎朝夕のお祈りの時間

幸福の科学学園の進学指導

1 英数先行型授業

受験に大切な英語と数学を特に重視。「わかる」(解法理解)まで教え、「できる」(解法応用)、「点がとれる」(スピード訓練)まで繰り返し演習しながら、高校三年間の内容を高校二年までにマスター。高校二年からの文理別科目も余裕で仕上げられる効率的学習設計です。

2 習熟度別授業

英語・数学は、中学一年から習熟度別クラス編成による授業を実施。生徒のレベルに応じてきめ細やかに指導します。各教科ごとに作成された学習計画と、合格までのロードマップに基づいて、大学受験に向けた学力強化を図ります。

3 基礎力強化の補講と個別指導

基礎レベルの強化が必要な生徒には、放課後や夕食後の時間に、英数中心の補講を実施。特に数学においては、授業の中で行われる確認テストで合格に満たない場合は、できるまで徹底した補講を行います。さらに、カフェテリアなどでの質疑対応の形で個別指導も行います。

4 特別講習

夏期・冬期の休業中には、中学一年から高校二年まで、特別講習を実施。中学生は国・数・英の三教科を中心に、高校一年からは五教科でそれぞれ実力別に分けた講座を開講し、実力養成を図ります。高校二年からは、春期講習会も実施し、大学受験に向けて、より強化します。

5 幸福の科学大学(仮称・設置認可申請中)への進学

二〇一五年四月開学予定の幸福の科学大学への進学を目指す生徒を対象に、推薦制度を設ける予定です。留学用英語や専門基礎の先取りなど、社会で役立つ学問の基礎を指導します。

授業の様子

詳しい内容、パンフレット、募集要項のお申し込みは下記まで。

幸福の科学学園 関西中学校・高等学校

〒520-0248
滋賀県大津市仰木の里東2-16-1
TEL.077-573-7774
FAX.077-573-7775
[公式サイト]
www.kansai.happy-science.ac.jp
[お問い合わせ]
info-kansai@happy-science.ac.jp

幸福の科学学園 中学校・高等学校

〒329-3434
栃木県那須郡那須町梁瀬 487-1
TEL.0287-75-7777
FAX.0287-75-7779
[公式サイト]
www.happy-science.ac.jp
[お問い合わせ]
info-js@happy-science.ac.jp

仏法真理塾

サクセスNo.1

未来の菩薩を育て、仏国土ユートピアを目指す！

サクセスNo.1 東京本校（戸越精舎内）

仏法真理塾「サクセスNo.1」とは

宗教法人幸福の科学による信仰教育の機関です。信仰教育・徳育にウエイトを置きつつ、将来、社会人として活躍するための学力養成にも力を注いでいます。

「サクセスNo.1」のねらいには、「仏法真理と子どもの教育面での成長とを一体化させる」ということが根本にあるのです。

大川隆法総裁　御法話「『サクセスNo.1』の精神」より

仏法真理塾「サクセスNo.1」の教育について

信仰教育が育む健全な心

御法話拝聴や祈願、経典の学習会などを通して、仏の子としての「正しい心」を学びます。

学業修行で学力を伸ばす

忍耐力や集中力、克己心を磨き、努力によって道を拓く喜びを体得します。

法友との交流で友情を築く

塾生同士の交流も活発です。お互いに信仰の価値観を共有するなかで、深い友情が育まれます。

●サクセスNo.1は全国に、本校・拠点・支部校を展開しています。

東京本校 TEL.03-5750-0747 FAX.03-5750-0737	高松本校 TEL.087-811-2775 FAX.087-821-9177
名古屋本校 TEL.052-930-6389 FAX.052-930-6390	沖縄本校 TEL.098-917-0472 FAX.098-917-0473
大阪本校 TEL.06-6271-7787 FAX.06-6271-7831	広島拠点 TEL.090-4913-7771 FAX.082-533-7733
京滋本校 TEL.075-694-1777 FAX.075-661-8864	岡山本校 TEL.086-207-2070 FAX.086-207-2033
神戸本校 TEL.078-381-6227 FAX.078-381-6228	北陸拠点 TEL.080-3460-3754 FAX.076-464-1341
西東京本校 TEL.042-643-0722 FAX.042-643-0723	大宮本校 TEL.048-778-9047 FAX.048-778-9047
札幌本校 TEL.011-768-7734 FAX.011-768-7738	仙台拠点 TEL.090-9808-3061 FAX.022-781-5534
福岡本校 TEL.092-732-7200 FAX.092-732-7110	熊本拠点 TEL.080-9658-8012 FAX.096-213-4747
宇都宮本校 TEL.028-611-4780 FAX.028-611-4781	

全国支部校のお問い合わせは、サクセスNo.1東京本校(TEL. 03-5750-0747)まで。

メール info@success.irh.jp

エンゼルプランV

信仰教育をベースに、知育や創造活動も行っています。

信仰に基づいて、幼児の心を豊かに育む情操教育を行っています。また、知育や創造活動を通して、ひとりひとりの子どもの個性を大切に伸ばします。お母さんたちの心の交流の場ともなっています。

TEL 03-5750-0757　FAX 03-5750-0767
メール angel-plan-v@kofuku-no-kagaku.or.jp

ネバー・マインド

不登校の子どもたちを支援するスクール。

「ネバー・マインド」とは、幸福の科学グループの不登校児支援スクールです。「信仰教育」と「学業支援」「体力増強」を柱に、合宿をはじめとするさまざまなプログラムで、再登校へのチャレンジと、進路先の受験対策指導、生活リズムの改善、心の通う仲間づくりを応援します。

TEL 03-5750-1741　FAX 03-5750-0734
メール nevermind@happy-science.org

ユー・アー・エンゼル！（あなたは天使！）運動

障害児の不安や悩みに取り組み、ご両親を励まし、勇気づける、障害児支援のボランティア運動です。学生や経験豊富なボランティアを中心に、全国各地で、障害児向けの信仰教育を行っています。保護者向けには、交流会や、医療者・特別支援教育者による勉強会、メール相談を行っています。

TEL 03-5750-1741　FAX 03-5750-0734
メール you-are-angel@happy-science.org

シニア・プラン21

生涯反省で人生を再生・新生し、希望に満ちた生涯現役人生を生きる仏法真理道場です。週1回、開催される研修には、年齢を問わず、多くの方が参加しています。現在、全国8カ所（東京、名古屋、大阪、福岡、新潟、仙台、札幌、千葉）で開校中です。

東京校 TEL 03-6384-0778　FAX 03-6384-0779
メール senior-plan@kofuku-no-kagaku.or.jp

入会のご案内

あなたも、幸福の科学に集い、
ほんとうの幸福を
見つけてみませんか？

幸福の科学では、大川隆法総裁が説く仏法真理をもとに、
「どうすれば幸福になれるのか、また、
他の人を幸福にできるのか」を学び、実践しています。

入会

大川隆法総裁の教えを信じ、学ぼうとする方なら、どなたでも入会できます。入会された方には、『入会版「正心法語」』が授与されます。（入会の奉納は1,000円目安です）

ネットでも**入会**
できます。詳しくは、
下記URLへ。
happy-science.jp/joinus

三帰《さんき》誓願《せいがん》

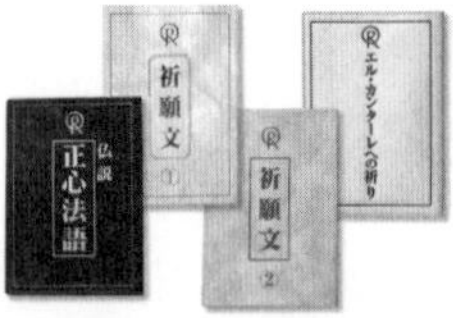

仏弟子としてさらに信仰を深めたい方は、仏・法・僧の三宝への帰依を誓う「三帰誓願式」を受けることができます。三帰誓願者には、『仏説・正心法語』『祈願文①』『祈願文②』『エル・カンターレへの祈り』が授与されます。

植福《しょくふく》の会

植福は、ユートピア建設のために、自分の富を差し出す尊い布施の行為です。布施の機会として、毎月1口1,000円からお申込みいただける、「植福の会」がございます。

「植福の会」に参加された方のうちご希望の方には、幸福の科学の小冊子（毎月1回）をお送りいたします。
詳しくは、下記の電話番号までお問い合わせください。

月刊「幸福の科学」

ザ・伝道

ヤング・ブッダ

ヘルメス・エンゼルズ

INFORMATION	**幸福の科学サービスセンター** TEL. **03-5793-1727**（受付時間 火～金：10～20時／土・日：10～18時） 宗教法人 幸福の科学 公式サイト **happy-science.jp**